KAWAII SENSO KARA
＊RIDATSUSHIMASU＊

可愛い戦争から離脱します

整形アイドル轟ちゃん

幻冬舎

可愛い戦争から離脱します

はじめに　可愛《かわい》い戦争の戦士たちへ

戦いを楽しんでいるならそのままで。
苦しいなら今すぐ離脱せよ。

私は、「可愛い戦争」で負けっぱなしの女の子だった。いつも顔を見られることに怯《おび》えて隠れ、敵に見つかれば「ブス」という言葉の弾で一方的に撃たれて傷ついた。応戦する自信もなく、逃げることもできず、ただ「ブスだから仕方ない」と自分を責めた。

外見によって勝ち負けが決まる理不尽な「可愛い戦争」の戦場に、誰もが一度は立たされた経験があると思う。外見がいいから、悪いから。そんな話が人生の大部分を変えてしまうことだってある。

1人の人間という点では価値は同じなのに、わかりやすく「可愛い」方が得をし、そうでない者は損をする。そんな現実を目《ま》の当たりにし、また新しい世代もその価値観を引き継いでいく。

人によっては、醜いものを叩《たた》いて優越感を得る。インターネットの匿名性を利用し、自分の姿を見せずに陰から非難の言葉をぶつける人もいる。敵が誰かはその都度変わり、自分から戦いを挑まなくても、容赦なくやってくる。

道で通りすがりに突然「ブスだな」と言われたり、「私の方が可愛い」と相手からマウントを取られたりする場面にも遭遇する。

本人に戦う気がなくても、好戦的な相手にいつ攻撃されるかわからないリスクを皆が背負っている。そんな世の中を表した言葉が、「可愛い戦争」だ。

これは一概に悪いこととは言えない。客観的に自分を見る機会にもなるし、「負けたくない」という気持ちが自分の容姿を磨くきっかけになるかもしれない。

ライバルがいてこそ燃え上がって「もっと頑張ろう」と輝く人もいる。もちろん理不尽な外見至上主義や誹謗《ひぼう》中傷を擁護することはできないが、逆境を上手く利用し成長する器用な人もきっと一定数いるだろう。

ただ、問題はそれが足枷《あしかせ》になってしまった場合だ。私はそうだった。

容姿に強いコンプレックスを持った私は、自分が傷つくリスクを背負ってまで戦いたくなどなかった。自分から「可愛い戦争」に参加した覚えもないのに、周りの戦士たちによって強制的に私も1人の戦士として扱われ、されるがままぼろぼろになっていた。

「周りの女の子のように生きたかった」「私がブスだからいけないんだ」と、常に人より下にいる自分を悲しく思った。

大学1年生の時、初めて整形をした。そうすれば、常にマイナス評価され攻撃され傷つくリスクから逃れられると思ったから。

誰かに勝とうとか、人より得をするほどの「可愛い」を手に入れたいなんて思っていなかった。

ただ、一方的な攻撃が怖かっただけ。容姿を理由に許されないことが多いのが嫌だっただけ。周りの女の子と同じように、やりたいことに対して最大限の努力ができるように、「撃ち込まれやすい的」である自分を変えたかった。

けれども、いくら整形しても戦況は変わらなかった。コンプレックスが一つ消えると他のところがまたコンプレックスになり、そのために働いては整形を繰り返した。

あれほど嫌がっていた外見至上主義に飲まれ、自分自身が他人の容姿を蔑んでしまうことさえあった。顔を見て粗探しをし、自分の方が上だと思う箇所があると、つかの間の安心感を得た。

「撃たれなければいい」はずだったのに、その時の私は間違いなく、撃たずとも、心の中で他人に銃口を向けていた。自分がされて嫌なことを他人にしていた。

自分が一番「可愛い戦争」に踊らされ、散々、他人と比べ、自分を傷つけ、他人を僻《ひが》んだ。「可愛い」をもともと持っている子が羨《うらや》ましかった。私はこんなに痛い思いをしているのに、容姿を理由に何も認めてくれない世の中が憎くて仕方なかった。過去に撃たれた傷は未《いま》だに痛み、私の中の「可愛い戦争」の戦況は悪くなる一方だった。

仕事も上手くいかず、ろくに恋愛もできず、度重なる整形による借金もあり、もう何も失うものはないというくらいどん底の時期に、私はYouTuberになった。ビデオカメラで自分の鼻整形後のダウンタイムを記録し、それを全世界に発信したのだ。これが私の人生を変えた。

インターネットは「可愛い戦争」の激戦地だった。時には容姿への非難のコメントが並び、昔のように傷つくこともあった。「顔を貶《けな》してしまえば勝てる」と浅はかに考える人たちが、匿名という盾を構えながらどんどん攻撃してきた。

それを見て昔のように落ち込むことはあったが、辛抱強く動画を上げ続けていくうちに、賞賛のコメントが大部分を占めるようになった。

すぐに自分を卑下する気持ちがなくなったわけではないが、YouTuberという仕事は信じられないほど自分に合っていた。毎日が楽しく、顔のことで悩む時間が減り、それに伴って整形欲もだんだんと薄れていった。「可愛い戦争」のことを忘れる日はなかったが、他人から非難を受けても、感じる痛みは昔より少なくなっていた。そしてもちろん、劣等感から他人の顔の粗探しをすることもなくなった。

そこに至るまで、自分が崩れないよう、自分で自分を律するにはどうしたらいいかを一生懸命考え、実行する日々だった。

皆さんはもう気づいているかもしれないが、現実には初めから「可愛い戦争」の戦場など存在しない。「あの子より勝っている」という驕《おご》りも、「あの子には負けている」という劣等感も、すべて1人ひとりの脳内で、それぞれの価値観で、勝手に設けられた架空の上下関係だ。

「世間」とひとくくりにすれば当然「可愛い」の定義もある程度定まってくるが、細かく見ると人によって違う。そんな不安定なものに縛られて、自分の貴重な時間を潰してしまうのは本当にもったいないと今ならわかる。

とはいえ、主観で作られた戦場だからこそ、他人の意思でそこに強制参加させられてしまうことから逃れられないのも事実なのだ。では、どうすればいいのか。

「可愛い戦争」から自分の意思で離脱することだ。

参加権を放棄し、「可愛い戦争から離脱します」と宣言する。

世間の言う「可愛い」はいらない。誰かに認めてもらうことが自分の価値じゃない。自分が自分の一番の理解者。他人にどう思われようと関係ない。そう思い込む。

誰かの脳内では今も「可愛い戦争」が起こっている。「私、こいつよりは可愛いな」とか、「ブスすぎて彼女にはしたくないな」とか、勝手に銃口を向けられているかもしれない。それを口に出す人がいれば、聞きたくもない負け宣告の弾が自分を傷つけようとするかもしれない。

しかしそこで、「いや、私可愛い戦争には参加してないから」と、自分が自分の価値を守り抜くことができれば弾は弾でなくなる。

「可愛い戦争」を当たり前だと思うようになり、辛《つら》い環境を受け入れてしまっている人もいるだろう。

そんな人たちに、強制的に与えられた参加権を「捨てる」という選択肢もあることを知ってほしい。

撤退する意思も尊重されるものだと知ってほしい。

ブスいじりにじっと耐えることや、したくもない自虐ネタに走り味方を作ることをよしとする人間も多いが、そんなのは絶対に間違っている。

自己犠牲の精神などなくても、幸せになる方法はある。

「可愛い」も、将来手にするであろう幸せも、その大小を他人と比べる必要などない。

「可愛い戦争」を楽しめていないなら、苦しいなら、今すぐに離脱するべきだ。

誰かに認められることを目的にしない。自分の価値は自分で決めて、ぶらさない。言葉で表すのは簡単でも、どうしたらいいのかわからないという人にこの本を読んでほしい。

誰かに寄りかからなくても、自分1人で幸せを実感できる環境と強さを手に入れるヒントが見つかるかもしれない。

CHAPTER

2

絶望を飼って生きる

CHAPTER

3

恋愛はオムライスの上のパセリ

CHAPTER

4

幸せの予約をぶんどる

カバーデザイン　佐藤亜沙美
カバーイラスト　おさかなゼリー
本文デザイン　児玉明子
編集協力　梶山ひろみ

CHAPTER 1

顔ですべてが
決まることもある

私、本当にブスだと気づいた日

中学2年生の時に撮られたあの写真を、私は一生忘れない。写真はもう手元にはないが、脳内には嫌というほど自分のあの顔がこびりついている。

赤いジャージ姿で、振り向きざまに撮られた不意打ちの表情。ハーフアップでストレートの黒髪、目は細くほとんど開いておらず、前歯2本が大きく傾いた口元が半開きになっていた。この写真さえなければ、もしかしたら私はもっと「普通」でいられたかもしれない。

当時、私はいじめに遭っていた。体育祭でリレーのバトンの受け渡しをミスし、それでもヘラヘラしているように見えたのが、クラスの皆の気に障ってしまったのだ。

くだらないきっかけだけれど、その日を境にクラスの30人全員から無視されたり、ばい菌扱いされたり、陰湿な嫌がらせをされるようになった。

いじめられているという噂《うわさ》はみるみるうちに学年中に広がり、廊下で「ブス」と暴言を吐かれることは日常茶飯事。もともと目立つ方というわけでもなく、スクールカーストでも下位にいたので、ターゲットとしてはぴったりだったに違いない。

いじめはクラス替えまでの1年足らずで終わった。

だが、このちっぽけでわずかな期間のいじめが、私が私の外見を否定し、整形地獄に陥る引き金になった。


小雨の中、バスに乗って向かった校外学習の日。私は「早く帰りたいな」とずっと上の空だった。移動中、バスに付いていたカラオケでいじめの主犯格グループの男子がオレンジレンジの「以心電信」を歌っていた。

マイク特有のシャープな音質にがなり声が乗り、うるさかった。

「どうして人をいじめるような意地悪な人ほど『愛』だの『仲間』だの『絆《きずな》』だの繋《つな》がりをアピールするような歌ばかり歌うんだろう」とぼんやり思いながら、私はずっと目を閉じていた。

運悪く私の隣になってしまった女の子は、私などいないかのように通路を挟んだ席の友達とずっと話していたので、その後は窓際の席で落ち着いて眠ることができた。

お昼には、大きな屋根の下でレジャーシートを敷いて持参したお弁当を皆で食べた。雨は避けられるが、じとっとした空気でジャージが肌にひっついて気持ち悪かった。私はどこかのグループに親切心で入れてもらった。

その校外学習では先生が一眼レフカメラを持ち、撮影係として生徒のもとを回っていた。私はお弁当を食べている途中、なんとなく人の気配を感じた。振り向くと、いじめの主犯格グループの男子とその奥にカメラを構えた先生がいた。直感的に「やばい」と思いすぐに顔の向きを戻したが、しっかりとシャッターは切られていたようだ。

数日後、学校に貼り出された１００枚以上の写真の中に、その瞬間の光景があった。

「お前あいつと一緒に写ってんじゃん！　お似合いじゃん！」と大きな声で笑いながらクラスの男子が言った。言われた男子は「やめろよ」と笑いながら露骨に嫌そうな態度で返し、２人は私の方を見ていた。

ああ、「あいつ」って私のことか、と思うと、胃のあたりがひんやりした。彼らが去ってから見に行くと、その写真は遠近法でいじめの主犯格グループの男子の１人と私とのツーショットになってしまっていた。

今すぐにでも剥《は》がしたかったが番号が振られているので剥がせない。私の顔が鮮明に写っている写真などこの１枚以外なかった。なぜよりによってこの１枚だけ!?　運が悪い、そう思った。

そしてこの写真を見た瞬間、私の中でスイッチが入った。

「あれ？　私ってこんなにブスだったっけ」

写真の自分の顔を見れば見るほど変な汗が出た。あれ？　待って、あれ？　私ってずっとこんな顔だった？　こんな化け物みたいな顔してた？　この顔でずっと生きてきたっけ？　頭の中が得体の知れない黒い渦に占められるようだった。
その瞬間までは「ブス」と悪口を言われても、「いや確かに可愛くはないけどそんなこと言わなくてもいいじゃん」程度の受け取り方だった。二重まぶたになって目を大きくしたいとも思っていたけど、そこまで思い詰めてもいなかった。

しかし、スイッチが入った瞬間、自分の顔が周りの子たちと全く違うように見えたのだ。醜くて醜くて、顔を出すのが耐えられないと感じた。例の写真の写りが特別ひどかったわけではない。タイミングも環境も、何もかもが悪かったのだと思う。いじめられて、ぼろぼろになった精神で、写真という客観的な現実を目の当たりにして、おかしくなりそうになっていたのだ。

その日から私は「ブス」と言われるたび、相手ではなく自分を責めるようになった。大勢の人間の中に1匹放り込まれたゴキブリのような気分だった。
「醜い」「汚い」と理不尽に蔑まれても、皆と姿形が違うのは事実だから反撃できないと思っていた。

「自分がブスだから」という感情に飲まれ、可愛いいじめっ子を見て羨ましいと思うばかりだった。いじめが終わってからも、道行く人々が皆自分を醜いと感じているという被害妄想に襲われた。劣等感を抱えて生きた結果、私は醜形恐怖症と言われ、1000万円をつぎ込んで美容整形に依存した。

「私はブス」という認識が、ここまで人生を変えてしまった。

> 顔の良し悪しは第三者が勝手に決める
> 造形が、パーツの位置が、少しずつ〝違う〟だけなのに

劣等感をすくすく育てたのは、自分

「なんでブスとか言うの」と相手に怒りをぶつけられたらどんなに楽だっただろう。思春期の頃から、私は自分がブスなのは事実で、相手はそれを「指摘」しているだけだからと、悪意をそのまま飲み込んでいた。「おいブス」と話しかけられても、普通に返事をした。「仕方ない」と諦《あきら》めてしまっていたから。

休み時間は自分の席に座ったまま俯《うつむ》き、顔の横の髪の毛を垂らしてできる限り顔が見えないようにした。机の傷を数えて、時々カバンの中身を無意味に弄《いじ》って、笑い声が絶えない教室で私だけ長い長い10分間を過ごした。両親が忙しく家でも1人の時間が多かった私にとって、学校は世界そのものだった。学校以外で人間関係を作るところはなく、暴言によって失われた自信や傷ついた心を修復できる場所もなかった。

進学の時期になると、私は同じ中学校からの志望者がいない高校を選んだ。高校では「アニメ好き」という共通点で友達もでき、それなりに楽しかった。当たり障りのない会話程度はできたし周りにいい人も多かった。中学校の時に起きたことなど嘘《うそ》のように私は平穏な毎日を送った。成績も体育と音楽以外は優秀だったので3年生になると指定校推薦を獲得し、志望大学に難なく入学した。

だが、そんな平穏な生活の中でも顔のコンプレックスが消えることは1日たりともなかった。

明るく人と話せるようになっても、推薦入試の面接で自分の強みをはきはきアピールできるようになっても、外見に関してだけは楽観的に考えることはできなかった。街を歩けば人の目が気になり、男子は、顔の評価をされそうだという偏見があって苦手で、写真も最低限しか撮らなかった。

ＹｏｕＴｕｂｅｒになってからよく「整形をしたきっかけは何ですか？」と聞かれて返答に困る。手っ取り早く「いじめです」と答えはするが、厳密に言えばそれは違う。いじめは確かに私の人生を変えた。

でも、今ならわかる。

私にとっていじめは引き金にすぎず、整形をしたのは被害妄想で自分を否定し続け、劣等感を積み重ねた結果だ。中学卒業以降は、もはや周りの環境など関係なかった。もちろん「ブス」と言われることも周りの美人と比較されることもあったが、きっと普通の人なら軽く受け流すものを重く受け止め考えすぎてしまったのだ。

いじめは何か明確な理由があって起こるというより、自然災害のようなもの。大人になっても集団生活の中では当然のように起こっている。ただ偶然、自分がキャスティングされてしまっただけ。あの時、自分のことを恥ずかしく感じたり、周りより劣っていると思い込んだりする必要はなかったのだ。今いじめに遭っている人がいるなら、そうなる前に逃げてほしい。未来の自分を救うために。

いじめによって得られたものがないとは思わない。ただ、負わなくていい傷を理不尽に受けるだけの拷問のような時間だった。その経験が今、ＹｏｕＴｕｂｅｒとして活《い》かせているとしても、「あのいじめがあってよかった」なんて絶対に思わない。失ったものが多すぎた。

私の中では常に目に見えない何かがどす黒く育っていた。養分は私の劣等感。育てたのは他人ではなく、紛れもない私自身だ。

「ブス」という悪口は稚拙で中身がない
だが劣等感を育てるには最適な畑だ

好きでこの顔に生まれたわけじゃない

つい最近まで、外出がとにかく苦痛で仕方なかった。友達とすら顔を合わせるのが怖いのに、何を考えているのか1ミリもわからないような他人はもっと怖い。

大勢の知らない人と会わなくてはいけない街は、自己否定のフィルターがかかり、常に私の敵だった。顔の横の髪の毛をできる限り顔に被《かぶ》せ、下を向き、耳をイヤホンで塞ぎ、鏡もガラスも見ない。

それでも心にはマイナスな感情が常に浮かんでくる。「目の前にいる人に気持ち悪いって思われているかも」「ブスだと思われているかも」。「かも」という憶測で私は私を勝手に傷つけ、心は休まることがなかった。足取りが重い。早く家に帰りたい。

1人になりたい。ずっとそう思っていた。

中学生の時から休日は家に籠もりがちだった。一緒に過ごすような友達なんていなかったし、外に出る用事もなかった。1日中寝て過ごすかネットサーフィンするか、アニメを見て過ごす。典型的なニートのような生活が大好きだった。

夕方にもそもそと起きてリビングのソファーでぼーっとするだけの私を見て母親は「たまには外に出て遊んだら?」と呆《あき》れたように言ったが、私には意味がわからなかった。なぜ、唯一1人でいられる時間を自ら捨てなくてはいけないのか。

他人がいるというだけで私にとってはストレスなのだ。

インターネットを介して匿名でコミュニケーションを取るか、心のない二次元の世界に浸るのが合理的かつ楽な過ごし方だった。

だが、大人になるにつれて他人といる時間は増えていった。避けられない通学の電車では、私はいつも混む前に席に座って、イヤホンをつけ大好きなアニソンを聴いて俯き目を閉じた。さすがにつむじを見て「醜い」と思う人はいないと思ったから、そうしていれば気が楽だった。

高校2年生の時、受験に役立つからと友達とティッシュ配りのボランティアをした。ゲームが好きな一番仲のいい女の子だった。中身は私と同じようなヲタクだがとても可愛くて、たまにカースト上位の男子に遊びに誘われたりしていた。盲導犬への募金活動のため、私たち2人は「募金お願いしまーす」と大きな声で言いながら街行く人にティッシュを配り、他の人たちは募金箱を持って立っていた。

私が渡そうとしたティッシュを受け取らず素通りしたヤンキー風の男2人が友達に声をかけた。「ティッシュ頂戴」と言って受け取った後、「可愛いね～どこの高校？」「スカート長くない？」と雑談を持ちかけていた。友達は困ったような顔で「はい」「はい」と答えていた。

男たちは去り際、「やっぱりティッシュも可愛い子にもらうと嬉《うれ》しいよね～」とふざけたように言った。その言葉を聞いた時、私は申し訳なさでいっぱいになった。

「私なんかがボランティアをやっても人を不快にさせるだけではないか」とまで思い、その後は手元のティッシュをどう配ったらいいのかわからなくなった。

今思うと、ティッシュ配りの顔など見ていない人がほとんどだし被害妄想も甚だしいが、「ボランティア活動くらい自信を持ってやれる、普通の顔になりたかった」と当時の私は苦々しく感じていた。

大学生になる頃には人の目にはある程度慣れたが、突如襲う自己否定の波には未だ逆らうことはできなかった。何も感じず街を歩いたり買い物をしたりすることができればそれで十分なのに、私にとってはずっとそれが容易ではなかった。

何度かすっと目立たないようにショップに入ったこともあるが、服を手に取ったら店員さんが話しかけに来るのではないかと思い、触ることすらできなかった。店内の可愛い服を見て少し心が躍っても、奥にある試着室の鏡に自分の全身が映ると途端に恥ずかしくなった。

セットしたはずなのに上手く整っていない髪、大嫌いな顔、ガリガリに痩せた体。

すべてのバランスが悪くて化け物に見えた。可愛い店員さんがその店の服を着て笑顔で接客をしているのを見て羨ましかった。「私なんかがここの服を着たら迷惑だってきっと思ってるな」と辛くなり、毎回目立たないように店を出た。「ありがとうございました」と言われることすら恐怖だった。自分の存在に気づかれず買い物ができればいいのに、といつも思った。

「そんな卑屈だからブスなんですよ」「美人を僻まないでください。これだからブスは」。幾度となくそんな言葉をぶつけられた。

SNSだけに限らず、日々受け取る小さな言葉の数々。きっと言った側は覚えていない、そんな些細《ささい》な一言一言が積み重なって重くのしかかり、心を潰していく。自分のすべてが悪いと思い込み、自信がなくなる。

外見という殻を気にしすぎて、中身を見ようとしてくれる人の目すら怖くなる。

「卑屈」と言われても、何も生まれた時から卑屈だったわけじゃない。自分の体の一部だけに注目され、人格さえ非難される経験を積み重ねるうちに歪《ゆが》んでしまうのだ。

自力では変えようのない顔のことで悩んで、顔を変え続けた私はずっと思ってきた。顔という不確かなパーツで人の評価が左右される理不尽を黙って飲み込む必要はないのではないか？

評価が飛び交う街では
耳も塞げず抵抗もできない

内面で顔は決まらない

「中身を磨けば外見も変わりますよ。内面が第一です」

私がYouTubeで活動を始めた時、外見と中身の関連性についてのコメントがとても多かった。

顔と声しか情報のない5分足らずの動画で、中身が磨かれていないとなぜわかるのだろう、と純粋に疑問だった。

こういう人こそが一番人を表面で判断しているのではないかとも思った。

「整形して可愛くなっても中身が伴っていなければ将来捨てられますけど、それでもいいんですか?」

誰かに気に入られるために整形をしているわけではないし、整形をすることでようやく生き永らえていた私は、整形をしなければ生きられないかもしれない「将来」のことまで心配されてもピンとこなかった。

中身まで見透かした気でドヤ顔で非難してくる人たちは、なぜ「外見と中身は関係ない」という当たり前のことを頑なに認めようとしないのだろう。

真冬の池袋で、見知らぬ酔っ払いのおじさんが泡を吹いて倒れているのを見過ごせなかったことがある。皆が黙って通り過ぎる中、介抱して救急車を呼んだ。自分が巻いていたストールで体を温めようとしたところゲロをかけられた上に「うぜぇ!!」と酒臭い息で怒られ、救急車の到着を待ったせいで終電を逃したがそれでも私は満足だった。

こんなエピソードだけで「いい人でしょ?」と言うのは違うと思うので、あくまで一例として読んでもらいたい。

この性格のせいで損をしたことも何度かあるが、私はそんな自分の内面が好きで、中身はいつまでも自分のままでいたいと思っている。

しかし、外見を愛することはできなかった。整形を繰り返し、顔のほとんどをいじり倒したつい最近まで。

私が酔っ払いを介抱したという話をした時、「そんなの放っておけばよかったのに。どうせほっといたら死んでたでしょ」と笑った知人がいた。

その笑った顔はとても美しかった。笑顔がとても可愛くて、自信に満ち溢《あふ》れている女の子だった。「内面が大事」と綺麗事《きれいごと》を言う人がいる一方で、内面が真っ黒でも天使でいられる光景を何度も目の当たりにした。その人たちが吐き出す汚い言葉を聞いて、私は醜い顔で笑った。反論できるような強さがなかったから、話を合わせた。胸が苦しかった。

殺すとか死ねとか平気で言うような人の外見が美しいという現実を見続けて、私は自分の性格を無理に矯正するのはやめた。みんな心に汚いものを持っている。私をいじめたあの人たちも、顔は綺麗だった。

なぜ、ブスだけ心を綺麗にしようと心がけなければいけないのか。

確かに内面は大切だと思う。

ただ、「中身が悪いからブスになる」とか、そんな何の根拠もない理論で追い詰めないでほしい。そんなのは「ブスは努力していない」と決めつけた人たちが自分に都合よく作り上げた戯《ざ》れ言《ごと》だからだ。

「内面を変えたから顔が変わる」わけがない。

それで二重まぶたになったり頭蓋骨の形が変わるというのなら、私はすぐにでもボランティアをしまくるし、SNSでは綺麗な言葉しか呟《つぶや》かない。内面が左右するのはせいぜい「顔つき」くらいだろう。

顔そのものが変わるわけではないし、自分をブスだと思っている人間のコンプレックスは中身を磨いたくらいで埋められるほど浅くはない。「女の子は笑顔が一番可愛い」などというお花畑思考を押し付けられようと、人前で笑えるような自信のある顔を持ち合わせていないのだ。

ブスが損をしていることを嘆くといちいち中身と関連づけて突っかかってくる人も多いが、私たちが抱えているのはいずれにせよ「ブスでなければ抱えることのなかった苦しみ」なのだ。

この荷物さえ下ろせれば嬉しい、と言っているだけなのだ。中身を磨くこととは全くの別問題だし、中身を磨くことで本当にこの苦しみをなくせるならそれ以上に嬉しいことはない。

むしろ外見と中身が比例するならば願ったり叶ったりだ。でも現実はそうではないから、こうして苦しんでいる。

性格のよさと外見の可愛さは比例しない
中身を磨いたくらいで埋められるほど苦しみは浅くない

整形＝努力の放棄ではない

整形したというだけで、「その前にできる努力があるんじゃないですか」「メイクでも変われますよ」と助言される。整形した人は努力から逃げたと思われがちだ。一般的に、整形自体がすぐに可愛くなれる魔法のようにイメージされているからかもしれない。

しかし、お金もかかるし痛いし失敗のリスクもある。努力してどうにかなる問題なら、きっとここまで整形は流行《はや》らない。努力してもどうにもならないことを無理やり変える力業が整形なのだ。

私が最初に整形したのは、まぶただ。小学生の時から一重で小さい目が気になっていた。横から見るとまぶたがブクッと膨れていて、眼球に重く被さって視界も狭かった。三白眼も相まって目つきも悪く、「睨《にら》んでいる」と言われ因縁をつけられたこともある。

初めて「アイプチ」を使ったのは小学6年生の時だった。のりをまぶたに塗り、「プッシャー」という二股の棒でまぶたを押し込み、皮膚同士をくっつけて強制的に線を作る二重まぶたグッズだ。

近所のドラッグストアまで自転車を走らせ、500円ほどで売っていた一番安いアイプチを買った。蓋がオレンジ、ボトルが黄緑で、パッケージに目のパッチリした女の子のイラストが描いてあった。当時の私にとって500円は大金だったが、これで二重になれるならと期待に胸を膨らませて購入した。アイプチを使えば綺麗な二重になると雑誌にも商品説明にも書いてあった。インターネットでは継続しているうちに癖がつきアイプチをしなくてもよくなったと書いている子もいた。夢のような道具だと思い、私は家に帰ってすぐに説明書通りに使った。

しかし、結果は残酷だった。お小遣いをはたいて買ったアイプチはまぶたの上に汚く白く残り、くっつけたまぶたは突っ張って自然のしの字もなかった。まばたきをしたら目が完全に閉じず、これで外に出ることなど不可能だと思った。

その後もそのアイプチで綺麗な二重を作るために試行錯誤したり、他のアイプチをたくさん買ったりした。白く残るのが嫌なので透明なものを買ったり、取れるのが怖いので強力なウォータープルーフのものを買ったり、アイプチがダメならばとアイテープを買ったり、新しいものが発売されるたびに希望を託した。

おそらく世の中で売られているアイプチのすべてを、整形前に試したと思う。小学生の時にもらっていたお小遣いはほぼ全部そのために消えていたし、インターネットでの情報収集も欠かさなかった。

「二重 なる方法」で何度も検索し続け、出てきたマッサージ法などを印刷してファイルにまとめ、毎日やった。当時流行っていた「ふみコミュ」という掲示板サイトで「絶対二重になる方法を知りたかったらレスして♪」というスレッドが立つたびすぐさま「教えてください！」と書き込んだ。

そしてそこで得た方法は、どんなに怪しくても試した。輪ゴムに糸を繋げたものを両耳にかけ、糸をまぶたに食い込ませるという方法もやった。きつめに作ったその道具が明らかに目に悪いことはわかっていたが、毎晩必ずかけて寝た。

眼球は圧迫され寝ている時も痛んだし視力も下がったが、私は二重になるならそれでもいいと思った。両親に「バカなことやってる」と言われても聞く耳を持たなかった。

大学に入ったタイミングで日常的にメイクをするようになったが、毎朝30分ほどかけて二重を作るのは本当に大変だった。重い一重まぶたでアイシャドウやアイラインが全く見えないので周りの女の子のようにコスメ選びを楽しむことはできず、毎日、芯の一番硬いつけまつ毛と二重まぶたグッズで何とか目の開きをよくしていた。

しかしそんな努力も虚しく、私が二重の線を手に入れることはなかった。もともと素質がなかったのだろう。私の家系は皆一重だし、目が大きい人もほとんどいない。人生で初めての整形をする18歳まで7年ほどそんな研究と実践の生活を続けた。

そして、大学1年生の夏休みに最終手段として整形をすることにした。

あんなにたくさんのお金をかけてたくさん体に負担をかけて全身全霊の思いで情報収集をして、それでも二重になれなかった。

インターネットには「アイプチを数回しただけで二重の線がついた」と喜ぶ女の子が山ほどいたのに、私はその枠に入れなかった。悔しくて悔しくて、「私も二重になったよ！」と嘘を掲示板に書き込んだこともあった。たくさんの時間とお金をかけて努力しても、私は報われなかった。努力のすべてを終えた後の苦渋の決断が整形だった。

お金を貯めて痛みに耐え二重になった。これには7年以上の月日がかかっている。遠回りに遠回りを重ねた結果だ。決して「逃げ」ではない。

整形する＝努力をしていないと見なされることは多い。整形という行為はズルだと思う人がいるのは構わないが、整形と努力は両立できないものだと捉えられていることが、私はとても悲しい。

整形がきっかけになって人生を立て直した人間がここにいるからだ。人並みの自信をつけて、皆と同じスタートラインに立って、もっと堂々と努力をしたいから整形した。整形しなければおそらく何も変えることができなかった。

整形は本来、逃げではなく救済策なのだ。使い方を誤ると足を掬《すく》われることも、もちろんある。だがきっと整形によって幸せを掴《つか》んだ人たちは、第三者が考えるよりずっと深く悩み決断している。

その1人である私にとっては、努力して努力してそれでもどうにもならない一部を補塡《ほてん》してくれるのが整形だった、というだけだ。「ブスは努力していない」「整形は甘えだ」などと言いたげな言葉が飛び交う世の中だが、そんな言葉に惑わされて、自信を失ったり傷ついたりしなくていいと私は伝えたい。

整形は逃げではなく救済策だ
もっと努力をしたいから、整形をした

大切な人に愛されてもコンプレックスはなくならない

「心から好きな人に受け入れられれば、コンプレックスも愛せるようになりますよ」と言われたことがある。私は心底納得できなかった。他人の言葉一つで、他人の感情一つで変われるなら、こんなにも苦しまなかっただろう。

他人からの悪意ある言葉で劣等感を育てることはできても、他人からのポジティブな言葉でそれを覆すことはできなかった。

愛する人が最大の価値を与えてくれるというのは、私にとっては幻想だ。

いじめで苦しんでいた時、自分の外見を好きになろうと努力しても、大勢のブスという批判によって「ブスなのに無意味な努力をした恥ずかしい自分」を責める結果になり、惨めになるだけだった。そしてさらに悪いことに、悪夢はこの時だけに留まらなかった。

美醜の呪縛は、高校生になっても大学生になっても社会人になっても終わらなかった。いじめが終わり日常的に暴言を吐かれることがなくなっても、美醜によって生きる上での快適さが変わるのは要所要所で目に見えてわかった。「そんなことないでしょ」「上手くいかないのは性格が原因じゃないの？」とよく言われるが、一度その不利益を被《こうむ》った人間にはわかる。自分の足元が周りより窪《くぼ》んでいて、何をするにも凹《へこ》んでいる分の穴埋めをしなければスタート地点にも立てないことを。

私にとって整形はマイナスをゼロにする行為だ。美しくなるためではなく、普通になるために私は整形を望んだ。足元の窪みにセメントを流し込み、平面にして、皆と同じスタートを切れるように。窪みは私の心の隙間でもある。ふってわいた他人の愛で埋められるようなものでもない。自分だけでも自分のことを可愛いと思える自信があったなら、きっと窪みは存在すらしなかった。

自信を持つと、他人の悪意ある言葉に傷ついたり、自分を責めて落ち込んだりすることも少なくなる。

さらに自信は、「したい」と思った行動に対する躊躇《ためら》いを減らしてくれる。

整形して性格が明るくなったり、社交的になったりと印象が変わる人も多いが、それはコンプレックスがなくなったことで自信がついて行動のアウトプットが上手くなっただけだと思う。もともと、人に優しくしたくても上手く表現できなかったり、大きな声で挨拶したくても注目されるのが苦手で声を出せなかったりした人たちが、自信が生まれたことで思いきりできるようになったのだと思う。もともと持っていた「優しさ」や「社交性」が表に姿を現したのだ。整形したことで性格がよくなったわけではない。

一方で、自分が綺麗になった途端、人の悪口を言うようになる人もいるが、それも同じだ。整形をしたから性格が急変したわけではない。もともと持っていた悪意が表に出ただけだ。

私は、窪みを自分自身で埋めることでちゃんとゼロからスタートできる、皆と同じように努力できるという自信を持ちたかった。事実、私は整形をしてYouTuberになり、どんどん自信を持てるようになった。美しくなどなっていない。それは自分でわかっている。しかし今は顔を理由にやりたいことを我慢したりしない。

昔のように「顔がダメだから」と自分を責めない。

努力する自分を格好いいとも思う。

これが私の求めていた「ゼロ」だ。

マイナスを埋めてスタート地点に立つ
欲しかったのは美しい顔ではなく自信

CHAPTER 2

絶望を飼って生きる

私の体は親のもの？

初めて整形をしたのは、18歳の時。未成年なので親の同意書が必要だったが、正直に言うと、親に許しをもらう必要などないと思っていた。

両親は共働きでいつも忙しく、小学3年生の時に母親が正社員になってからは誕生日以外、家族でゆっくりと食卓を囲んだ記憶もなかった。

ご飯は作ってくれるが、家族全員がバラバラの時間帯に食べた。起床も睡眠も、生活リズムは父親とは同じだったが母親とは正反対だった。両親は「たまには家族の時間を持とう」と時々私に気を遣って買い物に誘ったが、情緒不安定になっていた私は、いちいち歯向かっては困らせていた。

親に接待されているような休日は私にとって、1人でアニメを見て自室で過ごすより孤独と苦痛を強く感じる時間だったのだ。変な話だが、「娘」として叱られている時間の方がよっぽど愛情を感じていた。

両親と関わりの薄い日常が当たり前だったので、私は「何かをするのに親に許しを得なければいけない」という意識があまりなかった。だから、「自分を変えたい」という思いを両親に打ち明けるのは多少恥ずかしかったが、反対はできないだろうという確信があった。

「親は今まで何もしてくれなかった」。そんな、愚かな思い込みがあったからだ。生きるために必要なすべてを、両親が用意してくれたにもかかわらず。与えてくれなかったのは一緒に過ごす時間だけで、ご飯も学ぶ環境も住む家も楽しい記憶も、すべて両親が働いてくれていなければ叶わないものだった。

夜、母親が珍しくリビングでテレビを見ていた時に、スッと同意書を差し出した。思い上がっていた私は何の躊躇《ちゅうちょ》もなく、「同意書にサインしてほしい」と伝えた。既にクリニックに行き、カウンセリングを済ませ、決意をした後だった。

母親にも誰にも、私の決断は邪魔できないと思っていた。母親を見つめている私の視界の端には、毎朝化粧をしているテーブルと椅子があった。

薄紫色の大きなメイクボックスにはたくさんのアイプチやアイテープ、まぶたを持ち上げるための芯の太いつけまつ毛が積まれていた。ここで毎朝一重まぶたと格闘している私の姿を母親も見ていたはずだから、反対されたらそれを材料に逆ギレで押し切ろうと思っていた。

「いつも放っておいているくせに今さら親みたいなこと言わないで。私がどんなに大変か見ていたでしょ」と。

けれど、返答はあまりにもあっけなかった。母親は静かに微笑《ほほえ》んで「わかった」とだけ言った。そして翌朝、サインと住所、緊急連絡先が書かれた同意書を渡された。

一瞬、「ああ、私の顔が変わろうが興味がないんだ」と被害者ぶったが、そうでないことはわかっていた。見ていないようで見ていたのだろう。私が幼い頃に感じていた孤独も、「自分を変えたい」という思いも、きっとわかっていたのだ。

YouTuberになって初めて両親と腹を割って話をした時、「親としての責務を果たせなくてごめんね」と謝られ、両親も苦しんでいたのだと気づかされた。小さい頃から抱えていた疑念も不信感も、私の中でふっと消えた瞬間だった。

二度目の整形以降、私が両親に整形の許しを乞うことはなかった。同意書が必要なくなったから。18歳でまぶたの切開手術をした後には、鼻と唇をほぼ同時に整形した。整形がすべてで、整形しないと生きていけなかった。整形のリスクを考えず、自分を変えたい一心でメリットしか見ようとしなかった。

自分の顔が嫌いで嫌いで堪《たま》らなかったし、何かが上手くいかなければすべて顔のせいにして、次はどこを直せばいいのか鏡とにらめっこするのが日課だった。

親もいきなり顔が腫れ上がった私を見ても何も言わなかった。お互い、向き合うことが必ずしも正しいと思っていなかった。正直、親からすれば腫れ物扱いみたいなところもあったとは思うが。

18歳から今まで、両親が私の決めた整形に干渉したり意見したりすることはほとんどなかった。母親はよく「あんたが決めたならいいよ」、父親は笑いながら軽く「またやったのか！」と言った。当時の私は整形に生かされていた。「整形をやめろ」と言われるのは「死ね」と言われることと同義だった。

両親のこの態度を、「冷たい」「愛されていない」と言う人もいるかもしれない。しかしこの無関心にも見える態度が、私を救った。周りからは整形依存症で破滅しているように見えていたと思うが、破滅が私にとって最大の「生」だった。周りがどう言おうと、私は私の求めるものでしか生きられなかった。

時々、視聴者さんから「整形したいけど親が許してくれない」と相談を受けることがある。「整形をした上で何をしたいのかを話し合ってみたら？」とアドバイスをするが、私自身が身勝手に整形をして全く話し合いなどしていないので「偉そうに言える立場じゃないよなぁ」と毎回苦笑いをしてしまう。

世の中にはたくさんの意見があるが、私は自分の顔を自分で変えることに許可などいらないと思う。親の立場になって考えれば「生まれたままの自分を愛してほしい」と願うのも痛いほどわかるが、私のように整形しなければ死んでしまっていたかもしれない人もいるということを考えれば、そして「生きるためにどんな手段も厭《いと》わない」としてその手段が整形なら、それは前向きだと思う。

親からもらった顔、と言うがそれは親にとって子どもの命より大切だろうか。そうは思わない。私の両親は顔が変わったって体の一部を失ったって私に生きていてほしいと願ったと思う。

一番向き合うべきは自分で、自分が本当にこれでいいと思える形なら間違いなんてない。

整形は犯罪ではない
「誰かの子ども」である前に1人の人間なのだから

お金で未来を買う

200万円の医療ローンを月に2万〜3万円、約100ヶ月かけて返済していく。
これが、23歳の時に私が選び取った人生だった。

「医療ローン」と聞こえはよくても、結局のところは200万円の借金だ。その大半は鼻の整形によるものだった。

私は20歳の時、初めて鼻にプロテーゼを入れた。鼻筋を作り、高さを出す棒のようなものだ。モニター価格（クリニックの宣伝事例として顔を出す代わりに、通常より安価に施術を受けられること）で17万円ほどで、これでコンプレックスが一つ減るのならと、有名なクリニックであまり迷うこともなくやった。

私が異変を感じたのは、術後しばらくしてからだった。
正面から見ると鼻筋が大きく斜めに傾き、雨の日には眉間が鈍く痛んだ。初めは「腫れが引いていないのだろう」「まだ馴染《なじ》んでいないからだ」と思い込もうとした。だが腫れが引きダウンタイムの違和感がなくなるにつれて傾きが目立つようになり、「もしかしたら失敗かも」という疑念は確信へと変わっていった。

しかし術後検診で、「少しズレてませんか？」と聞いても、「経過は順調です」と言われ、当然やり直しもしてもらえなかった。しばらくその曲がった鼻で過ごしたが、23歳になった時、再手術でプロテーゼを入れ替えることを決意した。私はこれ以上、無駄な失敗をしたくなかった。「安物買いの銭失い」とはまさにこのことだなと思った。

鼻に手を加えるのはこれを最後にしよう。そう思って、鼻の整形で有名なヴェリテクリニックの福田慶三先生のもとへカウンセリングに行った。クリニックが入っている階でエレベーターを降りると、大きなガラスから銀座の街並みが見え、壁の白さがとても眩《まぶ》しかった。高級感があり綺麗な室内で、なんとなく「すごい場所に来てしまった」という気持ちだった。

福田先生は大人気の先生でカウンセリングも短めだと聞いていたので、私は印刷してきた何種類もの理想の鼻の写真をすぐに机に広げた。自分が納得する前に話を終わりにされないよう必死だった。

「この中でどの鼻が私に似合うと思いますか?」と聞くと、先生はパパッと写真を見て、「これもダメ、これもダメ。合わない」と、私の顔の横に写真を掲げては選別していった。

「この辺じゃない?」と先生は大量にあった写真から数枚に絞ってくれた。続けて、「このあたりに近い感じにはできるよ。もちろん貴女《あなた》のお顔に合う形で」と言った。

その自信満々な態度を不快には思わなかった。むしろなんて心強いんだろうと思った。

私は、「お金はいくらでも出すので、施術内容はお任せします」と言った。モニターで失敗した経験もあって、今回に限ってはお金を惜しまないと決めていた。

まず、曲がったプロテーゼを入れ替えるのに40万円ほどかかった。入れた時は半分以下だったのにその倍以上のお金をかけてさらにリスクを負う羽目になった。

でも、よく調べず、軽率に体内に異物を入れた私の責任だ。

「プロテーゼ入れ替え」の他に、「鼻尖《びせん》形成」「鼻中隔延長」の施術が追加され見積もりは200万円近くになった。カウンセリング前に予想していた金額の倍以上だった。このために作った貯金はあったがとても一括で払える金額ではなく、「医療ローン」という形で借金をするしかなかった。今から10年近く、今この瞬間のためにお金を返済し続けなければならないということだ。

たとえ希望通りの結果が得られなくても自己責任。どんなに技術があると言われている先生でも人間なのだから「失敗がない」なんてあり得ない。

もしかしたらまた途中でプロテーゼが曲がってしまうかもしれない。失敗しなくても、気に入らなかったらまたやり直しをしなければいけない。そうなれば雪だるま式に借金は増えていくだろう。今日がその一歩目かもしれない。最悪の結果も受け入れる決意でサインをした。

今のまま中途半端に生きるより借金を背負ってでも明るく生きられる可能性に賭けたい。その気持ちで、筆圧がいつもより強くなった。

どこに行っても顔が気になって自分の力が出しきれないことが歯がゆい。挨拶すらできない自分が嫌いだ。そして外見至上主義のこの世の中も大嫌いだ。

借金をしてでも未来の充実した時間を買うべきだと思った。

ここで決心しないと、一生何もできない自分のまま終わる。弱虫のまま終わる。

整形は痛いし仕事は休まないといけないし、最悪全身麻酔で死ぬ可能性だってある。それに、借金だって背負うし、痛くても誰かに代わってもらうことなどできない。だからこの先一生手を加えずに済みますように。これが最後になりますように。普通になれますように。そう願っていた。

2回目の鼻の整形は、とても上手くいった。今でも「一番気に入っているパーツはどこですか？」と聞かれたら「鼻」と答えている。

今のまま中途半端に生きるより
借金を背負ってでも明るく生きられる可能性に賭けたい

夢をすぐに叶えようとしない

「やりたいこと」が整形だとしても留学だとしてもヨガだとしても、その大小にかかわらずお金を理由に諦めたからといって、怠惰だとも弱虫だとも思わない。

ただ「お金がないからできません」は、「やりたい気持ちはあるけどそのために頑張ってお金を稼ごうとまでは思いません」と同義だと思う。「できない」のではなく「やらない」ための言い訳だ。

私は数年前、メイドカフェでアルバイトをしていた。医療ローンの返済と、今後の整形に向けた貯金のためだった。時給は基本1000円。成果に応じて時給が変動したり、臨時の報酬があったりする。

私が選んだのは秋葉原の端っこにある小さなお店だった。私が初めに抱いていたメイドカフェのイメージは、メイドさんが可愛い服を着て軽くお話をして料理を運んでお客様も笑顔♡　平和♡　そんな甘い夢を見せる世界だった。

しかし現実は全く違った。オープン前に膝をつき店を這《は》い回って床拭きをし、黒と赤を基調とした可愛い衣装はすぐに埃《ほこり》まみれになった。常に人手不足のため数時間のワンオペは当たり前、10席以上あるカウンターが埋まっても1人で全員の対応をすることもしばしばあった。

ドリンクや料理を作るスタッフなどいないので厨房《ちゅうぼう》とカウンターを行き来し、お会計も自分たちで対応する。発注していたビール樽《だる》やジュースが届けばすべて1人で厨房まで運び込まねばならず腰をやられた。正直、以前バイトしていた漫画喫茶よりガツガツの肉体労働で、「夢」の裏側を見た気がした。

そんな中でも、私たちは「キャスト」だ。最高の時間と夢を提供しないといけない。私たちにとっては1日に何度も繰り返す接客でも、お客様にとっては「大切な娯楽の時間」だから、喜んでもらわないといけない。お客様の「お帰りなさいませ」から

「行ってらっしゃいませ」までの記憶が充実したものになるかは私たち1人ひとりの機敏さや柔軟さにかかっていた。

私にとって一番きつかったのはお酒だ。

「メイドカフェでお酒？」と思うかもしれないが、メイドカフェにもさまざまある。私が働いていたのは、会話で楽しませるガールズバーのような接客スタイルのお店。時給が高く、研修なしにお店に立ててすぐにお金になるから選んだ。

お客様はメイドにドリンクをプレゼントし、それを飲みきるまでは、ほぼ独占状態で話ができる。キャバクラのような指名制度はないものの、いわゆる「推し」にわかりやすく愛を伝えられる一番人気のメニューだった。その杯数に応じて私たちの時給も上がる。

幸いお客様に恵まれドリンクを頂くことも日に日に多くなり、借金や今後への焦りがあった私はとにかく飲みまくった。下戸《げこ》のくせして毎日ビールや日本酒やテキーラ、イベントの時はシャンパンを浴びるほど飲み、裏で潰れては終電を逃しタクシーで帰っていた。その頃の私は節約やうつでご飯をあまり食べておらず、空《す》きっ腹にお酒を流し込む生活で1年に3回、胃に炎症を起こした。

年下の先輩に学びながら、新鮮な経験を毎日重ねる仕事は、信じられないくらいに充実していた。常連さんと話すのも、毎日ある新しい出会いも、それまでに経験したバイトの比にならないほど楽しかった。「初めて秋葉原に来た」という人たちに「楽しかった」と言ってもらえるのが誇りだった。「今日も来ちゃった」と毎日のように来てくれる人が本当に大好きだった。

「自慢の推しだよ」と言われるとその瞬間だけは自分を認めてあげられるような気さえした。

でも体は毎日悲鳴を上げていた。「少しくらい食べなきゃ」と思いコンビニでパイナップルを買ってそれを2口ほど食べて出勤するのが常だったが、それでも腰を少し曲げないと胃がキリキリと痛んだ。ずっと立ち仕事のメイドカフェはもう限界かもしれない、毎日そう思っていた。

話すのも得意だったわけではないし、そもそも顔を気にしている人間がやる仕事でもないことはずっとわかっていた。チラシ配りで通りがかりの人に「ブス」と言われたこともあった。とても可愛い衣装を着て可愛い子に囲まれて、日々劣等感を強めていくだけだった。でも辞めるわけにはいかなかった。整形するための一番の近道だと思っていたから。

その時の自分ができる最大限の頑張りはメイドだったから。

「整形したい」という思いは何を以《もっ》てしても消えることはなかった。「お酒はもう飲みたくない」より、「整形したい」が遥かに上回った。一刻も早く整形をするために私はお酒を飲んだ。とにかく働いて、たくさん稼ぐ。やるなら徹底的に、そして早く。「できない」と一瞬でも思ったら、できない沼に落ちていく。

「いいなぁ〜私も整形したいけどお金がないんだよね〜」と愚痴をこぼした友人は結局整形をしなかった。

「しない」選択をするのも一つの決断なのだから、誰も責めないし、恥ずかしいことでもない。でもお金を理由に「できない」と決めつけてズルズルと気持ちを引きずるのはよくない。本当にやりたいなら、結果が得られるのがどんなに先でも、とにかく動けばいい。

私だって整形を始めてからもう8年経《た》っている。病気だから、会社を辞められないから、家族がいるから。人それぞれ事情があるのは仕方ない。私のように無茶をして体を壊せとは言わない。精一杯できる範囲で、「今できること」を探し考えるのも努力だ。それを考えることすら放棄するなら、きっと初めから必要ないことだったのだろう。

「努力」には思わぬおまけが付いてくることもある。体に鞭《むち》打って続けたメイドカフェの経験がYouTuberになった今活きている。イベントやテレビ番組でのトーク、初対面の人との接し方、自分をよく見せる立ち居振る舞い。すべて先輩の背中を見て学んだ。

お金だけでなく大切な人たちもたくさん得た。当時のお客様もキャストも私の今の活動を知っていて、わざわざチケットを取ってオフ会に来てくれたこともある。メイドとして出会ったにもかかわらず「整形アイドル」としての自分を受け入れ応援してくれる皆には頭が上がらない。お金はその後の整形で全部なくなったが、経験と出会いは無駄にならなかった。

考えぬくことも努力の一つ
今できる行動を見つける

どん底でダンス

YouTuberとして、顔出しすることに躊躇いはなかった。だって人生どん底だったから。

23歳で200万円の借金。通帳からは毎月、ローン会社に2万〜3万円引かれ続ける。その生活を約100ヶ月。いつ崩れるかもわからない顔の整形に何歳までお金を払い続ければいいんだろう。整形後のダウンタイムへの不安、慢性的なうつ状態。すべてを抱えてどうしたらいいかわからなくなっていた。

「あれだけお金を出したのだから大丈夫」「これでちゃんとした顔になるはず」そんな縋《すが》るような気持ちの一方で、「この先の人生どうなるんだろう」という不安は常に心に重くのしかかっていた。

「YouTuber」という選択肢が浮かんだのは2回目の鼻の整形をする少し前だった。YouTubeを見ていて、「整形」ってもしかして武器になるんじゃない？ ふとそう思った。

それまで私の知る限り「整形YouTuber」はいなかった。整形に対しての偏見が今よりもっと強かったので、整形をした事実があっても隠すのが普通だった。ならば逆に見せてしまえば、それだけで注目される。

「何もない」私が唯一できること。私が「できる」と確信したことは「痛い、汚い、惨めなダウンタイムを自ら映像にし見世物になる」ということだった。

死ぬよりいいと思った。このままではうつ状態がひどくなって、いつか自殺してしまうだろう。

失敗してもこれ以上ひどい状況には沈まないし、これで当たれば借金返済の足しになるかもしれない。ダウンタイムは暇だし親にも整形することを伝えていないから実家にも帰れない。やることがあれば、心の拠《よ》り所《どころ》にもなる。

思い立って、とりあえずビデオカメラを買った。ピンクの可愛いハンディカムと白い三脚。当時借金地獄に陥っていた私にとってはかなり高い買い物だったが、不思議と惜しいとは思わなかった。帰る途中、手提げ袋を見ながら「YouTuber」というキラキラした職業の中に一つ、整形という闇を自分がぶち込んだらどうなるんだろうとワクワクした。

帰ってすぐに着ぐるみに着替えツインテールにし、導入部分と締めの挨拶を数日分撮った。そこに後からダウンタイムの映像を差し込み、整形した鼻の変化を1日ごとに見せるという形式。勝手は全くわからなかったがとりあえず見《み》よう見真似《みまね》でYouTuberっぽく喋《しゃべ》り、その映像は一旦保存して置いておいた。ここまでは突発的にやったことだった。嫌になったらアップロードしなければいいし、とりあえず。そんな感じで、何も計画的には考えていなかった。この行動が私の人生を変えるなんて思ってもいなかった。

そして鼻の2回目の整形をした後、人生で一番過酷なダウンタイムが始まった。鼻に入れるための骨を取ったあばらのあたりは激しく痛み、鼻からは常に流血し呼吸もままならなかった。でも私は「動画を撮らなければ」と思った。1日でも逃したら数日前の動画が無駄になってしまう。自分の労力を無駄にしたくないドケチ根性で、最も辛いとされるダウンタイム1日目、2日目、3日目もカメラに向かって自分が今何を感じているかを喋り続けた。

鼻に詰めていた綿を外して鼻血が出ているところを見せたり、鼻の奥の状態を見せたり、これ以上ひどい顔はないという顔面をライティングなしで汚く見せるということを大事にした。

こうやって撮り続けた動画が、後々予想を超えた再生回数になるなんて思ってもいなかったが、喋っているうちに「これを見た人がコメントしてくれたら嬉しいな」とか「整形している人同士で情報交換できる場を作りたいな」とか、それまでは考えもしなかった明るい気持ちが湧いてくるようになった。

この動画を撮ることで何を伝えたいのか、YouTuberになりたいのか、アイドルになりたいのか。初めは何もわかっていなかったし、ただなんとなく「可能性」を感じただけだった。理由らしい理由なんてなかった。だが撮っていくうちに、だんだんと「表現者」としての意識が自分の中で育ってくるのを感じた。カメラに向かって独り言という可笑《おか》しな行動も、最終回であるダウンタイム17日目を撮り終わる頃にはだいぶ慣れて「楽しい」と感じるようになっていた。

そして整形から3週間ほど経ったある日、撮りためたデータを整理し動画編集に取りかかった。もちろん編集作業などしたことはなく、ずぶの素人だ。必死で編集ソフトの使い方を調べ、今までに見たYouTubeの動画を思い出しながら、丸1日かけて6分ほどの動画が完成した。

完成してすぐに、アップロードした。世に出すデメリットを考えてはいけないと思った。後に規制をかけられてしまうくらいショッキングな映像だったので、炎上する可能性も考えられた。でも、今の最悪な行き詰まりを打開できるかもしれない。そして、動画を撮っていくうちに生まれた「同じように悩んでいる人と話ができるかもしれない」という望みに賭け、素早くアップロードボタンを押した。

今思えばいいことしか考えようとしないご都合主義脳だったし、「なんとなく成功する気がする！」という思いだけで自分のダウンタイムを動画にして世界に発信するなんて正気じゃなかったかもしれない。
ただ、もう深く考える余裕もないくらいに、暗い未来を憂うのに疲弊していた。状況が少しでも変わるならなんでもよかった。「YouTuberになりたい」なんて確固たる決意もなければ「皆に正しい情報を伝えたい」なんて人助けの精神も初めはなかった。しかしその反響は予想以上に大きいものだった。

「初めは伸びなくて当たり前」。そう思っていたのに、毎日数十人ずつ、着実にチャンネル登録者は増えていった。1ヶ月ほど経ち、登録者は100人に達した。夢のようだった。中学では30人のクラスにいながら1人も友達がいなかった私がまさか100人、3クラス分以上の人たちに登録してもらえるなんて。もちろんアンチもたくさんいたが、自分の予想以上に反響があったのがとにかく嬉しくて、叩かれても動画を出し続けた。今までタブーとされていた話題を武器にすると敵を作りやすいが、常に新しいことを発信できるということでもあった。

私はだんだんとその強みを感じ、YouTubeの使い方を覚え、時に難しさを知り、視聴者さんに支えられながら成長していった。そして今では、自分でもわけがわからないほどに人生が変わってしまった。あの突発的な行動をきっかけに。借金は予定より何年も早く完済した。未だに夢ではないかと思う。

私は幸いなことに視聴者さんや崖っぷち時代の自分の少し壊れた思考のおかげで、予想を遥かに超えるリターンを得た。

平穏を手放すことを恐れない
不完全が武器になる

顔は変わっても、人生は急変しない

整形すれば人生が変わると思っていた。

この重すぎる一重まぶたさえ持ち上がれば。ただ1本線が入れば。それだけで可愛くなって、「ブス」という悩みから解放されると思っていた。だってドラマや漫画の世界ではそうだったから。

痛みの描写はなく、顔を包帯でぐるぐる巻きにされて、「〇週間後」の文字ののちに大変身。それが私が知っていた精一杯の整形のイメージだった。整形直前には不安な気持ちを解消しようとインターネットで術式などを色々調べはしたが、「皮膚を切り開く」とか「糸で縫合する」とか生々しい言葉が並んでいて、知識として頭には入ってもそれが整形後の自分の姿を想像することに直結しなかった。恐怖ゆえに「理解したくない」気持ちもあったかもしれない。もしここで整形を諦めれば、私はこの顔のまま生き続けなければいけない。それが一番耐えられなかった。だから、手術の生々しさを知ってなお、その恐怖に気づかないふりをすることに必死だった。「きっと整形すれば人生変わるはず」「二重になったらピンクのアイシャドウを買おう」。別の人間に生まれ変われるような、前向きな気持ちを保ち続けて、手術の日を迎えた。

初めてのまぶたの整形の時は、恐怖で手足が震えっぱなしだった。麻酔が効いていて痛みはないものの、何をしているかはなんとなくわかる。意識のある状態で自分の皮膚を切られる感覚は本当に恐怖だった。電気メスの音がバチバチと響いて、自分の皮膚から漂う焦げくさいにおいに、とんでもないことをしているのだと思い、苦しかった。

手術が終わって、手術台から起き上がり看護師さんに鏡を渡され、自分の顔を見ようとした時、「あってでも結構グロいからね」と先生が慌てて言った。その言葉の通り、まぶた全体がゾンビのようにひどく腫れ上がり、皮膚は糸でジグザグに縫われ、傷の周りは血まみれだった。それをガーゼで看護師さんが時々拭ってくれた。

でも、「まぶたに線が入っている」。その事実が嬉しくて嬉しくてたまらなかった。「これで私は変われるんだ」、そう確信した。

ダウンタイム中は目が乾いて仕方がなく、外にもろくに出られなかった。血が滲《にじ》み、自分の皮膚を縫っている糸は剝《む》き出しになり、触れるたび痛かった。

母親に「大丈夫なのこれ……」と心配されるたびに、「こんな風になるなんて聞いてない」とは思ったものの、整形前にドラマや漫画で見たように、きっとこの腫れが引く頃には私は可愛い女の子に、周りの友達のようになれると信じていた。

しかし、手術から1週間ほど経った抜糸の日に思った。「意外と私だってわかるもんだなぁ」と。まぶたの今まで痛々しく縫われていたところは糸が抜かれただの傷跡になり完成形が見えてきていたが、私の想像では「整形」という魔法をかけたら誰でも別人のようになれるものだと思っていたので、「ただまぶたに1本線が入った自分」

の姿を見て「なるほど、こんなものか」と思った。

整形直後は腫れでよくわからなかったが、初めてそれを意識して夢からさめたような感覚がサーッと全身を巡った。初めてセックスをした時に似ていた。想像だけ膨らんで、現実になると意外とあっけない。整形がもたらしたのは魔法ではなく、顔の一部のたった数ミリの微調整だった。

私がそう感じたのと同じく、友達の反応も大したことはなかった。大学の夏休みが終わると「あいつ整形したらしいよ」という噂は広まったがそれは知り合いレベルの話だけで、周りの友達の対応が変わることなどもちろんなかった。仲のいい友達は授業前、私の前の席に座りこちらを向いて、「あれ、アイプチ替えた?」と言った。そんな感じで、中には「整形」という荒療治を想像すらしない人や、変化に気づかない人すらいた。

私は私のままなんだ。その反応を見て安心もしたし落胆もした。

整形前に想像していたように「別人のような自分」にはなれなかったけれど、整形直後にはメイクが楽しいと感じたし、自分の気持ちの変化はあった。ピンクのアイシャドウを塗って「今までよりも腫れぼったく見えない」と感動もした。でも、それだけだった。

「人生が変わる」と確信した私の未来には、今までと変わらない単調な生活が待っていた。ドラマや漫画で見た、キラキラした毎日が待っていたわけではなかった。そして気分が高揚していた整形直後の期間を終えるとまた「自分はブスだ」と思い始めた。

コスメカウンターは変わらず恐怖だったし、好きになった男性が私以外の可愛い女の子に恋をしているのを見て「当たり前だよね」といつものように絶望して、好きな服も好きなコスメも、「私なんかが買っちゃってごめんね」という罪悪感の中で身につけた。

整形はいじめや過去の経験によってこびりついてしまった劣等感を、私から引き剝がしてはくれなかった。私は人生を「整形任せ」にしすぎていたのだ。その後私は8年間整形を繰り返した。その中で少しずつ環境の変化はあったが「この整形をしたら人生が変わった」と断言できるものはない。整形を重ねていく中で偶然自分の内面もいい方向へと変化し、それに伴ってだんだんと環境も変わっていっただけだろう。

整形はあくまで数ミリの調整をしてくれるだけの「顔面工事」であって、人生を明日から激変させるものではなかった。整形が人生まで変えてくれるなんて、思い違いだった。

整形は自分を幸せにするための「踏み台」のようなものだ。自分自身の価値が上がるわけではないし、幸せが確約されるものでもない。そこから夢や未来を摑み取れるかは自分が手を伸ばすかどうかにかかっていて、整形をして待っていても幸せは降ってこない。

そして、踏み台を使っても摑めないものも超えられないものも当然ある。

明日から別人になれる成功法はない
あったとしても、それは詐欺か錯覚かも

美容外科医とホストは紙一重

整形を、絶対に失敗しないものだと思ってはいないだろうか。

これまで、10人ほどの先生に手術をしてもらった私は、メディアでは「整形のプロフェッショナル」などと呼ばれることもあるが、当然右も左もわからない頃もあった。

クリニックの公式サイトの情報を鵜呑《うの》みにして手術を決意し、手早いカウンセリングに付いていけず自分の不安を全く解消できないまま手術に踏みきってしまった経験もある。

1回目の鼻整形の時は特にひどかった。

カウンセリングで、もともと気にしていた団子鼻を「鼻先が丸いのが嫌なんです」と言うと、先生は小バカにしたような態度で「君の鼻だったらプロテーゼも入れないとねぇ」と返した。確かに低く鼻筋のない鼻は自分でもコンプレックスだったし直せるなら直したかったが、二つの整形をするお金はなかったし、自分の中の優先順位では団子鼻を解消する方が先だった。

しばらく突っぱねたが先生が私の意見を汲《く》むことはなかった。その後も「それをやったところで、この部分をやらないと整わないから」「これも追加しないと無駄になっちゃうよ」など顔の欠点を指摘されメニューを増やされるばかりで、本来聞きたかった団子鼻を解消する整形については何も聞けなかった。

初めて会った人に冷たい態度でボロクソに言われ、正直とても傷ついた。出してもらった見積もりには名前すら知らないメニューがたくさん並び、想定していた金額を大きく超えていた。

仕事なのだから仕方ない。客観的なプロの意見を聞くことで得られるものもある。

でも悲しかった。「私ってそんなに直さなきゃいけないところがあるんだ」と、コンプレックスが増えてしまった。その後も整形をしようと決意するたびに色々なクリニックにカウンセリングに行ったが、同じような経験を何度もした。目の相談に行ったのに「鼻は直さないんですか?」と聞かれたりすることもあった。そのたびに少し傷ついて、次回整形する候補に加えていった。また、プランが決定した後に「サービスしてあげるからオプションも付けようよ」と必要のない整形をプラスで勧められることもあった。「後悔するのは嫌だから」と付けてしまったこともあるが、正直意味がなかった。

私たち患者にとっては人生を変える一大イベントでも、クリニックからすれば客の1人にすぎない。

そんな当たり前のことも、自信を削《そ》がれた後ではわからなかった。「私の顔がダメだから」という思い込みの前では、先生の言葉は無敵だった。

今ならわかる。結局いくら綺麗事を言ったところで収入がなければクリニックは存続すらできない。利益のためにギリギリまで搾り取る手法もあって当然だ。

今思うとクリニックの先生ってやり手のホストやキャバ嬢みたいだ。口先だけで幸福や不幸をちらつかせて逃げ道をなくしお金を使わせる、会話のプロ。自信を削ぐのも調子に乗らせるのも上手い。カウンセリングのたび先生の言葉に踊らされていた私だからその恐ろしさがわかる。

ちなみにカウンセリングが散々だった1回目の鼻整形は、失敗した。勧められて入れたプロテーゼは大きく斜めに傾き眉間は痛んだが、先生は「順調です」と言った。やり直しもしてくれず、私はその曲がった鼻筋で2回目の鼻整形までの長い時間を過ごした。カウンセリングから手術までがその先生の仕事だった。その後の私の人生まで考えてくれているわけがなかった。私の顔がよくなろうが悪くなろうが手術の確約さえ取れればそれでよかったのだ。至極当然のことだったが、手術前の私は先生に「お願いします」と人生を託すつもりで頭を下げていた。

悲しい。騙《だま》された。裏切られた。あなたが言ったのに。曲がった鼻を見て、定期的にそんな気持ちになった。でも私がその気持ちを抱えている今、おそらく先生はまた別の子に「美」をちらつかせて商品を売っているのだろう。

そう思うとなんだか考えることも面倒になった。

その後いくつもの整形を重ねて、曲がった鼻も直し、良い先生にも悪い先生にも出会った。だいぶカウンセリングの勝手もわかり、先生の一言で傷ついたり要《い》らないメニューを追加されたりすることもなくなった。


わかったのは、情報を取捨選択する大切さだった。

カウンセリングで先生がありったけの商品を出してきた時、考えることを怠ると良い悪いを判断できず言われた通りに買ってしまう。昔の私だ。あの時は被害者意識しかなかったが、最低限の情報収集をし希望をはっきりと伝える必要があったところを人任せにしてしまった自分が悪いのだ。

なぜこの施術が必要なのかわからなければ聞く。納得するまでサインしない。そんな当たり前のこともできなかった。

大切な「顔」を賭けているのだから、もっと慎重になるべきだった。

整形は上手く使わないと幸せにも不幸にもなる。先生も人間なのだから時には提案を間違えたり失敗したりもする。それらは情だけでは解決しない。

「執刀医と患者」という立場である前に「企業と消費者」だ。このことはこれから整形する人には常に忘れないようにしてほしい。

他人の言葉は半信半疑で聞く程度がちょうどいい
選択を人任せにしない

CHAPTER 3

恋愛はオムライスの上のパセリ

他人軸で生きない

他人に自分の価値を委ねない人間にずっと憧れてきた。

「自分は自分だから」と強く生きるのが理想だ。

なぜなら、私の人生は他人に翻弄されておかしくなってしまったから。他人が低く評価した「自分」を受け入れて、「どうせ自分なんてダメだから」と卑屈になりたくさんの貴重な時間を無駄にしてしまったことを後悔しているから。

思い返せば投げつけられた暴言など稚拙で空っぽの言葉だった。

「キモい」とか「オタク」とか「お前なんか生きてる価値ないんだよ」とか。中身なんて何も入っていない意味のない言葉に悩まされ、私は私の人生を狂わせてしまった。

あの時「そうじゃない」と言える自信があったなら、痛い思いをして整形することも、好きな服やメイクを我慢することもしなくてよかったのだろう。

他人が自分の評価をすることは避けられないが、それが自分の価値というわけではない。自分の価値を自分で定められる人間になろうと心に決めるきっかけになった出来事がある。

メイドカフェでアルバイトをしていた頃、すごく尊敬していた先輩がいた。優しくて驕らず、メイドとしても女性としても本当に素晴らしい人で、私が当時勤めていたメイドカフェの店長だった。その人の口癖は、「私はものを知らない人間なので」だった。

初めてそれを聞いたのは、入店して数日経った開店前の準備中。ビールの樽がちょうど空になったので配管を洗浄することになった。ビールが通る管に小さなスポンジを通すだけだが、ビールサーバーを解体してスポンジが通るよう組み替えないといけないため少し複雑な作業になる。店長は、そのやり方が図解された説明書を私に渡して「すみません、やって頂いてもいいですか？」と聞いてきた。
ビールサーバーを解体するのは初めての経験だったが、図と照らし合わせながら格闘し何とかそれを終えた私に店長は、「ありがとう。私はものを知らない人間なので、本当に助かりました」と言った。素直に嬉しかった。新人ながらに、頼られたという実感があった。

その後もちょくちょくその口癖は耳に入ってきた。お客様との会話でも、「私はものを知らない人間なので、教えてもらえたら嬉しいです」と店長が言うと、少し気難しいお客様でもまんざらでもない様子で趣味について語り出したりした。実際のところ、店長は全く「ものを知らない人間」ではなかった。店長になるほどの才能もあり、努力家だし、人のよいところを見つけて褒めたり場を和ませたりするのが本当に上手かった。

彼女の誕生日イベントには店に入りきらないほどのお客様が詰めかけた。そんな人気者でありながら、自分が店長だからといつも一番大変な仕事を買って出ていた。店の誰よりも働いていたし、きっと、私に任せたビールサーバーの洗浄の方法も知っていたのだと思う。でも私を立てるために素敵な言葉選びをしてくれた。私はそれを心底すごいことだと思った。

人は見栄《みえ》を張りたくなってしまうし、時には知ったかぶりをしたり自分の方がすごいとマウントを取ったり、他人から「劣っている」と誤解されたら弁解したくなってしまう。

プライドを気にせず後輩を伸ばしたりお客様を楽しませる会話の糸口を見つけたりできるなんて、人のマイナス評価に惑わされて生きてきた私にとって目から鱗《うろこ》だった。自分の中でぶれない軸があるからこそ、プライドのレベルを落とす発言をする余裕ができる。たとえ「使えない人間」として認識されようと、自分の価値は変わらないとわかっているからこそのコミュニケーションなのだと思った。

さらに、店長は嫌われることを恐れなかった。「あの子だけチラシ配りに行っていない」とか「あの子だけ新規のお客様の接客に来ない」とか、そういったスタッフの不満に対して毎回店長は、「もし言いにくいことがあれば全部私が伝えます」と言っていた。店長のすごいところはそれを「自分の意見」として相手に伝えることだった。「○○ちゃんが言っていましたよ」ではなく、「私が問題視しています」と誰にも責任を負わせず解決しようとしていた。

「店長が嫌われたりとかしませんか？」と聞くと「私そういうの気にならないんですよ」という答えが返ってきた。強がった感じでも店長という立場上仕方ないという感じでもなく、本当にどうでもよさそうだったのがとても格好よかった。

ある日お酒を飲んで2人で潰れた閉店後、「店長って病んだりしますか？」と尋ねたら、店長は「え〜病まないですね」と笑った。とても羨ましかった。私は些細なことでも病んでばかりの人間だったので、こんなおおらかで優しく、強い人間になりたいと心から思った。

YouTuberをやっている今も、他人からの評価で自分の価値が上がった下がったと錯覚してしまうこともあり、まだ完全に店長のように生きられてはいない。

しかし結果が数字になって如実に表れる世界だからこそ、自分の中身くらいは自分で整えておきたい。過去に削がれた自信を取り戻し自分をもっと好きになる鍵もきっとそこにある。

自尊心を持つのは大事だけれど、
プライドのレベルを調節できるようになると楽になる

自己評価がすべて

私の真ん中にあるのは自分自身。昔は人に翻弄されて生きてしまったからこそ、今はそう強く思いながら、行動するようにしている。他人はオプションであり、＋αでしかない。家族でも親友でもファンでもアンチでもそれは同じ。私自身が、一番大切な存在だ。毎朝死にたかった私を支え続けたのは、私自身だったから。

YouTuberとして、動画を上げるとファンの方からの賞賛の声は増える。「可愛い」「綺麗」。今までの人生では言われたことのなかった言葉で、みるみるうちにコメント欄は埋め尽くされた。もちろん顔が美しいという意味だけでなく、性格やキャラを含めて言ってくれている。それは理解していても「ブス」と詰《なじ》られ続けていた私にとっては、信じられないくらい有難い言葉だ。

そんなコメントに、昔は「こんな私を可愛いと言ってくれて優しいね。ありがとう」と謙虚の押し売りのような返信をしていた。でも、本心だった。「私の顔をあんなに求めていた『普通』、いやそれ以上だと認めてくれる人がこんなにもいるのに、なぜ整形も自己卑下もやめられないんだろう」と思うこともあり、周りの声を素直に喜べない葛藤もあった。

「こんなに可愛いと言ってくれている人がいるのにまだ整形を続けるんですか？」とか「欲が出てきちゃったね」とか「贅沢者《ぜいたくもの》」とか、私のことを「どんなに褒められても納得できず上を目指す強欲な人間」だと思う人もたくさんいた。新しく整形をした時には「もうやめなよ」と呆れたようなコメントもたくさん頂いた。

しかしそんな言葉を受けても私は納得できず、整形を続けた。

整形を始めた頃「周りに非難されるのが嫌だ」「普通になりたい」と思っていたのは確かなのに、周りから褒め言葉を受けることが多くなっても整形への欲求は変わらなかった。

私は、周りがどう言おうと私の求めるものでしか生きられなかったから。整形を始めた当初と同じく、今もそれは変わっていない。整形をするきっかけである劣等感を植えつけたのは周りでも、「自分の中に生まれた劣等感」を解消する鍵は自分の中にしかなかった。

育てまくった劣等感は、もはやその根源である周囲の声とは断絶されていた。だから周りに「もういいよ」と言われても問題解決にはならなかったのだ。自分が納得しない限りは何も終わらないと気がついた。

「醜形恐怖症や整形依存症を、もう克服できたんですか？」とよく聞かれるが、抜け出せたとは思えないし、また整形をする日が来るかもしれない。なぜなら、外見のコンプレックスが完全にゼロになる日は訪れないだろうから。

ただ今は、努力とその過程で得た自信のおかげで深い悩みの沼からは脱出して、異常なほどのコンプレックスを持つことはなくなったとは言える。完治しない病気で、検査は陰性にはならないけれど、数値を下げることで普通の人と同じように生活できるようになった、そんなレベルだ。

整形に対しても、周囲が「やりすぎだ」「あの時やめておけばよかったのに」などと、どれだけわかったような意見を言ったとしても、整形している人の中では決してやりすぎではないのだ。世間は、本来の人間の姿から離れているということを言いたいのかもしれないけれど、美の感覚が人と違っているだけで、本人が満足しているなら十分ではないかと思う。

私にとって、周りの声はもちろん大切だし、一つひとつのコメントを嬉しいと思っているのは本当だが、「その評価に見合う自分」になれたと自分が自分を認めてあげられない限りは、私はその声を完全に受け入れることも、賞賛の言葉をそのまま自分の価値にすることもできない。

YouTuberを続けて2年以上経って、数字の成果、頑張っている実感、ファンの数えきれない温かいコメントを総合した結果、ようやく私は私を少しずつ認められるようになってきた。こんなに頑固で閉鎖的な私に向けて日々応援の言葉を送ってくれた人たちには感謝しかない。きっと途中で、「なんでこの人って、こんなに頑固なの？」といらついた人だっていると思う。

他人の言葉に左右されて「皆にブスと思われるのが怖い」と怯えていた時代があったからこそ、私は私の意志で生きていきたいと願った。常に自分が主役で一番。こんな生き方も悪くないと思う。

価値を決めるのは、賞賛や悪口ではなく
圧倒的な自己満足

恋愛はしなくてもいい

どんなに好きになった相手でも、他人だし、永遠の関係ではない。人の心は縛れないし、すべてを理解することも理解されることも不可能だ。見えない心の内を知ろうとするほど疲れてしまう。

私が大学生の時に付き合ったのは、社会人だった。ＬＩＮＥの返信の有無でいちいち凹んだり舞い上がったりして、私の「好き」が彼の数倍大きかった。誕生日もクリスマスもずっと一緒に過ごしたいし、週に一度は会いたい。それが私の希望だったが、社会人である彼には難しく、私をわがままだと言った。

さらに悪いことに、私は友達カップルと比べ、「友達はやってもらっているのに。

私のことあんまり好きじゃないんだ」と思い込み、彼の愛情を疑うようになった。彼は会える時には会ってくれていたし、仕事終わりでへとへとでも家にも来てくれていたし、風邪を引けば優しく看病してくれたのにだ。

「私が想定した大きさの愛の器を満たしてくれない」と、不安が尽きなかった。「ねぇ私のこと好き?」「好きだよ」と意味のないやりとりを繰り返して、少しの安堵《あんど》を得て、少ししたらまた疑った。

常に情緒不安定で、授業中も既読のつかないLINEを見ながら上の空だった。私がそんな面倒臭い女になると、わがままを言うたびになんだかんだと付き合ってくれていた彼は、徐々に私から距離を置くようになった。そして最後は「別れよう」のLINEだけで終わった。

「いつも自分で決めてきた」と書いてきた私だが、その頃は恋愛をすると、恋人が私の人生の主役になった。喧嘩《けんか》をした時は、プライドも何もなかった。自分が重荷になっているかもしれない、子どもみたいなことを言っているかもしれないと感じてもなんだか感情が抑えられなかった。アルバイトも勉強も上手くいかなくなり、ずっと落ち込んだ気分になった。そして別れた時は本当に凹んで、自分のすべてがバラバラにみっともなく砕け散った感じがした。

私は今まであまり恋愛に触れてこなかった分、とても不器用で、気持ちを持っていかれやすい。一緒にいたいばかりに仕事が手につかなくなったり、逆に自分のやりたいことができず邪魔だと思うようになってしまったりと、「誰かと交際の契約を結んでいる」という状況がイレギュラーすぎて混乱してしまう。今まで何とか積み上げてきた自信を、恋愛が根こそぎ奪っていくような恐怖もある。そんな自分の弱みを知っているからこそ、今は恋愛を進んですることはしない。

こう言うと「強がり」だとか「負け犬の遠吠《とおぼ》え」だと捉えられることも多い。

恋人がいないことに対して理由を求められる場面には何度も遭遇した。「もったいないよ～」とか「え？　彼氏いないのやばくない？　合コンセッティングしようか」とか親切に言ってくれる人もいるが、そのたびに、恋愛してないって欠点なのだろうかと疑問に感じる。もちろん、結婚や交際をしている友達を羨ましく思うこともある。いつかは自分にも大切だと思う人が見つかるかもしれないし、そうなったら今とは違う幸せを手に入れられるだろう。しかし、年を重ねるにつれ、恋人がいないことが欠点とされ、何かこちらに問題があって「選ばれず売れ残っている」かのように受け取られるのはおかしい。

私は恋愛が絶対なくてはならないものだとは思わない。結婚しなくても生きていけるし、恋心を知らなくても、どこかへ置いてきてしまっても、他のハッピーな感情はそこらじゅうに転がっている。

私は親友とラブホテルで女子会をするのが何ヶ月かに一度の楽しみなのだが、周りがカップルだらけでも本当に楽しい。夜中になったら、セックス用に設置されたふかふかなキングサイズのベッドの上に寝転びながら、女同士でグダグダと話しまくる。「彼氏ほしいよね〜」と言うと「ほしい〜」と返される。「相席居酒屋とか行ってみる?」と聞くと「行ってみたいけどめんどい〜」と言うので「わかる〜初対面とか無理だよね〜私らコミュ障だもん。やめよ」と諦める。

私たちは大抵、中身のない楽しい会話の中に、「彼氏ほしい」と挟み込む。正直、この会話で一念発起してどちらかに彼氏ができたことなど一度もない。2人ともまず行動を起こしていないし、起こそうとする意欲も言うほど強くない。今の生活において、切実に「彼氏」を求めているわけではないからだ。

いたら気分が上がるだろうけどまぁいなくても大丈夫、くらいの気持ち。たとえるならオムライスの上のパセリ。あったらあったで美味《おい》しそうに見えるけど、別になくてもいい。インスタ好きにとっては重要アイテムでも、お腹《なか》を空かせた部活帰りの高校生にとってはどうでもよかったりする。

私は恋愛をしていなくても、何の不足も感じずに生きている。女同士でラブホテルに入って楽しく話している。今ある人生というオムライスの上にパセリがあったらいい感じかもな〜と想像して楽しんでいるだけなのだ。

今は「整形アイドル轟《とどろき》ちゃん」としてどんどん動画を上げて、理解者を増やして、影響力を高めることが目標だ。整形の現実を発信して1人でも多く顔で悩む人を救いたいと思うし、それを達成することで自分も幸せになりたい。昔のように、恋愛で浮いて沈んでそれを失った時にはスタート地点に戻ってしまうようなことが今はあってはならないと思っている。

YouTuberの人気は一過性のものだ。今は耳を傾けてくれる人がたくさんいても、そのほとんどはいつかは離れていってしまう。世代交代に怯えながら皆が「今」やれることを精一杯やっている。私もその1人だ。

「今日も何かができた」という達成感を日々積み重ねていることを感じていたい。

恋愛しなくても、楽しいことが溢れている
パセリがなくたって、オムライスはオムライス

理想に踊らされすぎない

叶わなかった夢の過程が、いずれ役立つこともある。

声優養成所に通っていたのは高校2年生の時。いじめられていた頃に、現実逃避で見始めたアニメは私の趣味になっていた。

中でもノベルゲームを原作とした「ひぐらしのなく頃に」というアニメが大好きで、放送が終わってからもDVDで繰り返し見ていた。個性的なキャラクターとダークな雰囲気が堪らなく好きで、「竜宮レナ」というヒロインに憧れ髪型を前下がりボブにしていた黒歴史もある。

レナはほのぼのとした可愛らしい家庭的な女の子かと思いきや理性を失ったように

笑う恐ろしいシーンもあったりして、それまでに私が見たアニメのキャラクターとは一味違った。初めは怖いもの見たさだったが、あっという間に私は引き込まれ「ひぐらしのなく頃に」のファンになった。そして、狂気、日常、笑い、そのすべてを声を使って演じきる、いわゆる「中の人」と呼ばれる声優という職業は、次第に私の憧れになっていった。

高校1年生のある日インターネットで調べると、声優を目指すなら高校生では遅すぎるくらいだと書いてあった。焦った私はよさそうな養成所を探し、父親に同伴してもらい入学の手続きをした。キリのいい高校2年生の4月から週に一度、声優養成所に通うことになった。月謝は4万円。入学に約20万円かかった。

キャラ付けのためにわざわざ高校の制服で通い、レナを模した髪を振り乱して筋トレや即興演技などの稽古に打ち込んだが、私がアニメのキャラクターを演じることは一度もなかった。

その声優養成所には、既にプロとして活動している人も数名いた。皆が本名で稽古を受ける中、その人たちは芸名を使っていた。時々、「明日オーディションなんだ」と話していた。心底格好いいと思った。

オーディションも誰でも受けられるというわけではない。名の知れたライトノベルがアニメ化される時などの声優募集は、一般公募枠がない場合も多い。事務所や養成所に直接告知が来て、ある程度技術も経験もある人たちの中から選出される。養成所内でもオーディションを受けられるのは上級クラスの人のみだった。

私のいた普通クラスでも小さな劇場で行われる舞台や朗読劇などに参加している人はいたが、やはり上級クラスの「プロとして作品に携わっている人」は別格という扱いだった。普通クラスの教室に入るには上級クラスの授業の横を通り過ぎないといけなかったのだが、いつも空気がピリッとしていた。演技の迫力もさることながら、それを見ている人たちの目も真剣そのものだった。一心不乱に台本に何かを書き込んでいる人、ロパクで台詞《せりふ》を追っている人。そんな人たちを横目に、私は自然と足音を立てないようすり足になった。

普通クラスはいつも和やかで、「声優になりたい」という人だけでなく「人と話すのが苦手だから特訓しに来た」という主婦もいた。即興演技や筋トレが主な授業内容だったので生徒同士で話すことも多く仲間意識が強かった。対して上級クラスは1人ひとりが勝ち抜いてやろうと闘志を燃やしているような気迫がいつも感じられた。普通クラスも楽しくはあったが、私はずっとプロ側に行きたかった。

しかしアイドル声優が流行り始めたその時代、可愛い子が稽古で優遇されているのは目に見えてわかった。仕方のないことだった。事務所と直結している養成所だったから、即戦力になる子がほしいのは当たり前だ。同じ月謝を払っていても文句は言えないし、言ったところで「そういう世界だから」とさとされるのもわかっていた。

稽古中なかなか自分の順番が回ってこず焦る脳内で、いつも「演技力は私の方が上なのに」「あの子よりたくさん練習してきたのに」と悔しい気持ちがなくなることはなかった。嫉妬。劣等感。抱えずにはいられなかった。時間を無駄にするのが本当に嫌だった。

せめて顔くらい普通になれれば。挙手して、「先生、私にもやらせてください」と言えるようになれれば。今思えば、どんなブス面でも思いきって発言するくらいの度胸は必要だったかもしれない。甘かったかもしれない。プライドが高すぎたのかもしれない。日常生活で挙手すらできない人間が、芸能の世界で生きていけるはずもない。

当時の私には到底無理だった。「あんたにチャンスなんてないんだからでかい口を叩くな」「場を白けさせるな」、そう思われるんじゃないかと不安で。

声の演技がしたかっただけなのに、自分自身が顔を気にしてばかりいた時間は取り戻せない。

私は演技を1年学んだのち、受験や授業料を理由にして養成所をやめた。結局、上級クラスに上がることはなかった。進学し、就職し、しばらくは普通に生きた。しかし人生はわからない。回り回って私は今、「街を歩けば声をかけられる」ことが日常になった。YouTuberという仕事をきっかけに。

YouTuberの仕事は動画を撮り編集してアップロードするだけではない。イベントや舞台に出たり、オフ会をやったり、テレビに出演したり……たまに来るそれらの仕事は、私が憧れた「声優」ひいては「芸能人」の活動そのものだった。やってみると、とても刺激的だった。皆の前で話すのもファンとコミュニケーションを取るのも、大好きだった演技をさせてもらえるのも。

初めて人前に出た仕事は、事務所のイベントだった。場所は豊洲《とよす》PIT。大先輩たちと共演し、約3000人の前で歌ったり踊ったりした。いつも観客席にいた私が舞台上にいる。とても不思議な感じがした。表現者として、お金を払って頂いている立場として、皆が本気だった。

ダンスの練習中も、本気で頑張る姿を茶化す人などいなかった。イベント前の打ち合わせでは、養成所の上級クラスの横を通った時に感じたようなピリッとした空気が漂った。普段は友達のように接してくれていた先輩たちの真剣な顔を見てプロだ、と思った。強い照明と広い会場、集まってくれたお客さんたち、夢だった舞台上からの景色。憧れが現実になった瞬間だった。その後も有難いことに色々な仕事をさせてもらう機会があった。そのすべてが刺激的で楽しかった。

しかし、異常なほどに疲れるのだ。スポットライトを浴びている時は喜びの頂点で浮かれていても、帰ったらメイクも落とさずベッドに倒れ込み泥のように眠ってしまう。今でこそ少しは慣れたものの、やはり人前に出る仕事はプレッシャーもあるし、どうしても精神的な疲れからは逃れられない。たまにやるから今も「楽しい」ままだが、これを毎日続けていたら私は病んでしまうだろう。大仕事の後にはＹｏｕＴｕｂｅｒでよかった、明日は動画が撮れる……と安堵して眠る。

私には輝く容姿もなければ人を惹《ひ》きつける魅力もない、愛嬌を振りまくのも下手。演技の技術だって人並みだしあっと驚かれるような特技も持っていない。なんとなくのキラキラしたイメージで芸能界に憧れを持っていたものの、その本質は全くわかっていなかった。

ＹｏｕＴｕｂｅｒのよいところは仕事がすべて自分だけで完結するところだ。自分で動画を撮り編集し、誰にも過程を見られることなく作品を出せる。「芸能人の仕事」をすることはあっても、芸能人ではないという、私の性に合っている場所が見つけられた。

二転三転した人生がまさかこのような形で落ち着くとは夢にも思っていなかった。何事も「遅すぎる」なんてことはないし、いつでも努力と運次第で自分を楽にできるのだと身を以て知った。

今実現しなくても大丈夫
叶えられなかった自分を悲観しない

愛のかたちは一つきりではない

みんながほしがる愛のかたちは、そばにいて、実際に触れられたりするような関係。例えば、恋人、友達、家族。辛い時も寄り添って、「頑張れ」の言葉を近くでかけてくれる温度のある存在。「他人」の枠を超え、明らかに自分の味方だとわかるような確かな人間。しかし私にとってはその関係が時には重く思える。

そんな私が、ＹｏｕＴｕｂｅで現実世界では見つけられなかった、心地よい愛のかたちを知った。

「ファン」の存在だ。インターネット上の関係など薄っぺらい、と言う人もいる。ファンは肉体的に寄り添ってくれはしない。私が辛くて泣いていても、それを私が言葉や映像にして発信しない限りはその現実すら知り得ない。でも、私が動画を発信した時は再生してくれる。生放送をすれば一緒に楽しんでくれる。SNSで気持ちを呟けばそれに対して返信をしてくれる。私が成果を出した時、その時々で評価は違えどきちんと向き合ってくれる。その嬉しさや心地よさは、何物にも代えがたい。

少ない情報から私のことを知ろうとしてくれる。「きっと頑張ったんだね」と過程を想像してくれる。会えるのは1年に一度か二度、私からすると顔すら知らない子もたくさんいる。それでもインターネットという媒体を通して支え合っている、そのぼんやりとした愛のかたちが、私はとても好きだ。

インターネット上での「ファン」は入れ替わるし絶対的な愛ではない。開け放した部屋に人が出入りし続けるようなものだ。日々新しく部屋に入ってくる人もいれば、「もういいや」と見限り別の部屋へ移動する人もいるだろう。私は正直そのすべてを把握できてはいないが、私が持っている数十万という途方もない数字も「1人」の集まりで、自分の意思で私のもとに留まってくれているのだと思うと本当に感謝してもしきれない。

時には「最近あの子見ないな……」と、過去によくコメントをくれていた子を思い浮かべることもあったりする。でもそういう時は、「コメントしないだけで見てくれてはいるんだろうな」と自分の都合のいいように考える。インターネットという媒体で繋がっている以上、知り得ない情報の方が多くそれをもどかしく感じたりもするが、楽観的に考える余地があるのはいいことだ。

「もしかしたら私のことが嫌いになったのかも。何かしちゃったのかも」と嫌な考えがよぎることもあるが、理由を知る術《すべ》もないので、「便りがないのはよい便り」だと思うようにする。私も嫌な部分を見せなくていいし相手に嫌な部分があったとしても見なくて済む。

「互いにとって都合のいい関係」と言えば語弊があるかもしれないが、現実世界のようなしがらみや制約がないからこそいいのだ。たとえ明日見限られようと、「好き」

と言ってくれる皆にはこちらからも「大好き」と胸を張って言える。

多くの人が求める「愛」とは全く違う。互いの「伝えたい」という気持ちで繋がる、能動×能動でしか成立しない愛。逃げるもよし、留まるもよし。そんな自由な空間で、私を応援してくれている。

そんなファンとの関係は私にとっては何物にも代えがたい愛のかたちなのだ。

顔も本名も知らないから心地いい
特定の愛に依存しない

選ばなかった人を傷つける権利は誰にもない

「外見至上主義の世の中が嫌い」だと発信し続けている中で、「でもイケメンと不細工だったら、イケメンを選びますよね？」と反応されて一瞬、ううっとなった。私の好きなタイプの判断基準にも、当たり前のように外見は入っているからだ。

イケメンと不細工、という選択肢になると微妙だが、好みのタイプはある。

私が好きなのは少し太った人。別に太っていなければダメというわけではないが、ほどよい太り具合の人を見ると、ときめいてしまう。

これは私自身が嫌っているはずの外見至上主義思想を持っている証《あかし》なのではないか？　気づいていなかっただけで、私は「自分は外見で判断されたくないのに、他人の容姿は気にする人」なのではないか？　そんな考えが頭の中をぐるぐると回った。

だが、好きなものをピックアップすることと、ピックアップしなかったものを、わざわざ「あなたはここがダメだから選ばなかったんですよ」と傷つけに行くことは違うと思う。イケメンを選んでも、選ばなかった人に「あなたは不細工だから選ばなかったんです」と伝える必要はないということだ。


人を美醜で選び取るのは、自由だ。ミス○○コンテストで美人が選ばれるのは当たり前だし、美人を恋人にしたいと願う人が多いのも普通だろう。それを「ずるい」と言っても通用しないことはわかっている。ただ、ピックアップするだけにとどまらず、選び取らなかったものを劣っていると判断して、心無い言葉で傷つけようとする人が多すぎるのだ。

「好きなものを選び取る」ことと「好きでないものを傷つける」ことはそもそも全く別の問題だ。「ブスのくせに人を顔で選ぶなよ」といった言葉に対しても、自分の外見がどうであろうと、何かを見て心を動かされることは自由なのだから、自分は自分の価値観で好きなものを選んでいいのだと片付けられるようになった。

他人の欠点を見つけるのは簡単だけど、いいところを見つけるのは大変だし、肯定するより否定する方が楽なのは確かだ。

私も整形し始めの大学生の頃は、自分の顔のいいところが見つからないから、この人は目が小さい、自分は我慢して手術を受けてよかったと人の欠点を探して安心していた。他人の欠点を勝手に見つけて、自分を認める材料にしていたのだ。

比較しないと、褒められない。比較対象を貶《おとし》めないと評価できない人は、褒めるのが下手な人だ。観察能力やコミュニケーション能力がないことを自ら露呈している。そんなみっともない大人にはなりたくないと思う。

あなたが選ばなかった人にも、価値がある
比較しなくても、よさは伝えられる

非難を都合よく利用する

インターネット上では、言葉を相手にぶつけている感覚がない。

どんなに人気者で敵を作らないような人にも、たくさんのアンチがいる。

毎日たくさんの心無い言葉で傷ついている人がいる。

それをYouTuberになって初めて知った。

「整形しているのにこんなにブスなの？」とか「整形した女が親とか可哀想《かわいそう》だから子どもは産むなよ」とか、もはや書かれすぎて何も感じなくなった言葉の数々が今この瞬間も、私の動画のコメント欄に並んでいる。

中には、法的手段を使って社会的に痛い目に遭わせたいと思うほど怒りの感情が湧くものもあった。「なんで他人に対してこんなことが言えるの?」とか、「実際に私が目の前にいても同じことが言えるの?」とか、パソコンの前で色々なことを考えた。

整形したというだけで、なぜこれほどまでに攻撃されやすいのか? 怒りを落ち着けたいと思った私は、「エアー反論文」を書くことにした。アンチコメントの返信欄に自分でも納得できる論理展開の文章を打った後、すべての文字を消すという作業を繰り返した。新しい暴言を吐かれるたびに「反論文」を書いては消して、書いては消して、自分の中でその問題を片付けることが癖になっていった。

アンチの人たちへ返信する文章を考えるくらいなら応援してくれているファンの方に、一つでも多く返信をするべきだとわかってはいた。でも、やらずにいられなかった。初めから送る気などなかったけれど、私は「反論文」を完成させ論破することですっきりすると同時に、これから先同じことを言われても心をガードできる盾を手に入れたかったのだ。

しかしそれを続けていく中で、アンチの人たちはある意味私の味方であることに気がついた。彼らが提示する「なぜ?」は、世間も感じている「なぜ?」だったのだ。「なぜブスのままなのに、整形をするの?」。このコメントの棘《とげ》を取り除けば「私が整形する理由」を知りたがる世間の声と同じだった。

確かに整形すれば必ず美しくなるものだと思われがちな状況で、普通の顔のままでいる私のことを不思議に感じる人もいるだろう。元の顔からそう変わっていないのに顔を出し続ける私を恥知らずと思う人もいるだろう。

だから私は「整形するのは美しくなるためではない。自分のコンプレックスを潰し、私が私を普通と思えることで、できることがたくさんあるからだ」と端的に伝えられる答えを出した。

非難は凶器に姿を変えた、「問題提起」だった。言葉に棘はあるが、純粋な「なぜ?」を投げかけてくれるアンチは私に、とめどなく深く考察するネタをくれた。私はせっせと、送り先のない「反論文」を書くことで、自分の中や世間にあるモヤモヤを明文化し、一つずつ消化していった。

そうやっていくうちに、私は経験に加えしっかりとした「根拠」を伝えられるようになった。今まで書きためては消していた「反論文」によって心が整理され、私は私として信念を貫く自信を持つことができた。

そしてそれらをまとめ、新たな整形論として動画にして発信することもできた。盾だった「反論文」はついにＹｏｕＴｕｂｅｒとして装備できる武器にまでなった。初めはただの怒りだったものが、思考を巡らせ続けることで誰かに届けられる言葉になった。自分自身と、同じように整形をした誰かを守るための盾として、そして「整形アイドル轟ちゃん」として花開くための養分として役に立つようになった。

最近は、テレビなどメディアへの露出も増えたが、どんな質問にも即座に回答することができるのはこの経験のおかげだ。

時には番組を盛り上げるために意地悪な質問をされたりもする。でも一度きりの収録で聞かれることなど、今までに私が投げつけられてきた心無い言葉のどれかでしかなかった。

私は整理整頓された脳みそのストックからその回答にふさわしいものを引っ張り出し口に出すだけ。もちろん会話の流れでアレンジを加えなければならないこともあるが、「反論文」を書き続け自分の脳にそれをインプットし続けた私には造作もないことだった。

いつもと違う緊張した環境でも、怒りという感情によって焼き付けられた言葉はちゃんと声になった。拙くても、ちゃんと伝わる言葉になった。アンチや非難はもちろん正当化できるものではないが、その声がなければ、ここまで自分の考えをはっきりと言える人間にはなれなかっただろう。

無神経に攻撃してくる人たち
鮮烈な個性を作ってくれる養分になる

CHAPTER 4

幸せの予約をぶんどる

「失敗しちゃった」と笑える強さを持つ

悪徳芸能事務所に騙されたのは大学2年生の時。
帰宅途中、駅を歩いていた私に男性が「芸能界に興味ありませんか？」と聞いてきた。声優の夢を諦めた後だった。私はもう一度チャンスが与えられたような気になって、「あります」と即答した。

男性と話していると数人の男女が集まってきて私を取り囲み、そのまま私を綺麗なビルの一室に連れて行った。部屋の中には高級そうな机と椅子が並び、窓からは都会の街並みが遥か下に見えた。数人の男女は私を部屋にいたスキンヘッドの30代くらいの男性に引き渡すと、出て行った。

私がその男性に「私は顔を出す仕事じゃなくて、声優になりたいんです」と言うと、「いいね。君ならできるよ。サポートするよ」といとも簡単そうに返事をした。

まだ私の演技すら見ていないのに。でも、私は諦めた夢にまた挑戦するチャンスを与えられたようで嬉しかった。私は契約を決め、後日母親の同伴のもと、「プロデュースと稽古を受ける代わりに写真代の7万円を支払う」という旨の契約書にサインした。後からわかったことだが、この事務所もどきは悪徳で有名な会社だった。蓋を開けてみればプロデューサーの立ち位置だったはずのスキンヘッドの男性はその事務所に登録しているタレントの1人で、稽古では生徒の1人として真面目に演技をしていた。

私をサポートするよと言った時のドヤ顔はそこにはなく、「はい!!!!」と大きな返事をして台本を必死に読む姿が滑稽だった。この人にプロデュース能力などないし、その権限もないことは目に見えてわかった。では誰がプロデュースをしてくれるのか？そんなことをしてくれる人は誰もいなかった。

私は弱小タレントのみで形成された「芸能事務所」の大掛かりな即興演技に騙されたのだ。もちろん初めに声をかけてきた数人の男女も皆、そこに登録しお金を支払って稽古を受けているタレントの卵だった。私のような芋くさい大学生にモデルだの女優だのになれるよと声をかけてはその契約料からマージンをもらっていたのだろう。加えて、学生ローンを組まされたという人がいたり、事務所が稽古場を持っておらず稽古をレンタルスタジオで行ったりと怪しい点はいくつもあった。所属が長い人に「レッスン料払ったの？　払わずに稽古受けてる人もいるよ？」と言われたこともあり事務所内はカオスそのものだった。

事務所として機能していないことは数回の稽古の後すぐにわかった。これ以上関わりたくないと思ったのですぐにやめ、私の7万円は数回の稽古に消えた。「写真代」という名目で支払ったお金だったが、宣材写真を撮られることもなかった。

きっと、多くの人は「バカだな」と思うだろう。私もそう思う。でも失敗してよかったとも思う。YouTubeで話すネタが一つも二つも増えたし、何の失敗もしなかった人が注意喚起をしても誰も聞いてくれないが、「私は失敗したから皆には失敗してほしくない」と伝えることで少しは耳を傾けてくれたりする。

毎日毎日私たちには数えきれない選択肢が与えられる。ランチは何を食べるか、電車はどこで乗り換えるか、またはタクシーに乗るか、洋服は何を着るか。長い一生の中で間違いのない選択肢だけを選び続けるなんて不可能だ。

もちろん健康に被害が出る可能性がある美容整形や生死に関わることなら真剣に失敗のないように選び取ってほしい。だけど、「どうしたらいいですか?」「何て言えばいいですか?」と、これから自分がすべき行動に関して、誰かに全権委任するような臆病さは捨てた方がいい。

私たちは、立ち向かってくる敵がいるのが当たり前のRPGのような世界を生きている。自分がどんなに頑張っても、理不尽な出来事に遭遇して、頭に思い描いた理想のストーリーを叶えられないことも珍しくない。

それならば、失敗も人生の一部として受け入れて、無駄に怖がるのはやめにした方がいい。あくまでもこの物語の主人公は自分だ。自分を操作するためのコントローラーを他人に預けてはいけない。

選択を間違えても人生は終わらない
失敗をプラスに変えることが懸命に生きている証明

両足だからビビる、まずは片足だけ

つまらない人生より面白い人生がいいと思うなら、まずは片足を色々なものに突っ込んでみてほしい。真面目な人ほど中途半端に始めることに嫌悪感があったり、「どうせ始めるならちゃんとやりたい」と準備に時間をかけてしまう。

でも、入念な準備をしている間に、人生の時間はどんどん過ぎ去っていく。まず、今すぐにできることを探して、とにかく一歩踏み出せば、立ち止まっていては得られない何かがある。

私は色々なことに挑戦しては、挫折してきた。どれも中途半端に終えてしまって、何かに熱中しては冷めて放り出してきた。

「長続きしないダメ人間」なのかもしれないけれど、行動力には自信があり、「やりたい」と思ったら居ても立ってもいられない。

私が大学卒業後に就職先に選んだのは、ベンチャー企業。文学部だったので、同級生はだいたい大手の金融系に進んだり、教員免許を取ったりしていたが、私は「え、何でそこ？」と言われるような小さな会社に、大手の会社からの内定を蹴って入社した。

なぜなら、新しい業種で面白そうだったし自分の力を試してみたかったから。周りには「大手の方が、安定しているし給料もいいよ？」と言われたが、私は会社に人生を賭ける気などハナからなかったし、一度は見てみたい世界にチャレンジしようと思った。

大学3年生の3月には内定が出ていたので、そこからの1年は研修を受けたり、合宿に行ったりして、翌年の4月に入社した。入社初日から薄々気づいていたが、とんでもないブラック会社だった。

社員の始発出勤、終電退社は当たり前で、もちろん残業代などない。業績を上げても昇給もボーナスもない。皆が自社の製品を買い、そのローンで辞められない。人情と洗脳だけで成り立っているような会社だった。

内定者の中で唯一1人暮らしだった私は、この安月給では生活していけないと思い、社長に直々に「募集要項と違う」と文句を言い、もともとの条件であった家賃補助を出してくれるよう申し立てたが、それを見た先輩たちは私を白い目で見た。

こんな会社にはいられない。そう思い、私は会社を辞めた。それを見て、「だから言ったのに」と得意気に言ってきた友達もいた。

私は社会人一発目で、既に失敗した。「やっちゃったなぁ」とは思ったけれど、外から見た景色だけではわからないこともある。入社前は本当にいい会社に見えたのだ。1人ひとりがキラキラと活躍していてやりがいもあって、ベンチャーならではの上司との距離の近さがあった。

ここでなら、自分らしく働ける。そう思った。だが、会社説明会で「うちの会社はいいですよ〜」と話していた社員も、私たちが入社した後辞めていった。

「他の会社を選んでいれば」と正直凹んだこともあった。

でも、新卒で入った会社がもし自分に合っていたら、私がYouTuberになることなどなかったかもしれない。片足を突っ込んで、憧れの世界を見られて、ろくでもないところだと知って、他の世界を見に行こうという意欲が湧いた。

別にやり直せないことはなかったし、今は全く違う職種でこうして頑張れている。「何かを始めたい」と思った時、「でも時間が……」とか「上手くいくかわからないし……」とか、理由を付けて諦めてしまう人も多いけれど、もったいないと思う。

初めからどっぷり浸《つ》かろうとする必要なんてない。上手くいかなければいけないわけでもない。「ダイエットしたい」と思うならジムの情報を検索する前に、今すぐスクワットをしたらいい。やりたい仕事があるなら正社員になるために勉強する前に、その業種に近いアルバイトをしてみたらいい。

人生を賭ける気で、両足を突っ込もうとするから疲れるのだ。私がそうだったように、触れてみないとわからないこともたくさんある。取り戻せないなんてことはないのだから、失敗したっていい。

新しいことに挑戦するのはしんどい。お金もかかるし、孤独感もあるし、とても勇気がいる。0から1に持っていく作業が一番大変なのだ。でもこの「1」をたくさん増やしておくと、将来「2」「3」と成長していくかもしれない。

だから、0のまま置いておくよりも「やりたい」と思ったものはたとえ中途半端になろうとやっておいた方がいい。「1」の弾をたくさん持っておくとその中からその都度好きなものを選んでいつでも成長させることができる。

それをきっかけに人生が豊かになるかもしれないし、危機を乗り越える武器にもなるかもしれない。0に何をかけても0だが、1はかける数によっては無限大だ。

バイキングと同じで、美味しそうだからといって一つの料理をてんこ盛りに持ってくるのではなく、ちょっとずつつまみ食いして、美味しいものが見つかったらたらふく食べればいい。

並んでいる料理の前を行ったり来たりして、味もわからないうちから「食べたいけど美味しくないかもしれないし……」と逐一怖気づいていてはもったいない。食べたいものが目の前にあるのならとりあえず一口食べるべきだ。

成功確率は忘れよう
完璧より、「1」をたくさん持つことが自信につながる

誰にでもあてはまる方程式はない

「躁うつ病」と病名がついて楽になった。ずっと抱えていた生き辛さが、気のせいではなかったとわかったから。

大学を卒業し社会人になって数年、私は少し変だった。人生が楽しくてたまらないとスキップしながら過ごすような1週間もあれば、次の週には周りに無性に腹が立ち気分を落ち着かせるためにアームカットを繰り返したりした。

この気分の上がり下がりは自分ではどうにもコントロールできなかった。気分がハイな時には普段から見ている街並みがとても美しく見えたが、落ちている時には周りの景色すべてがただの人工物の集まりでつまらなく見えた。

精神が不安定になったのはこれが最初ではなかった。初めて心療内科で診察を受けたのは中学2年生の時。いじめをきっかけに私は人と話すことが上手くできなくなった。学校に行き、ただ自分の椅子に座り授業を受ける。それすら私にとって地獄のような日常だった。

思春期で両親に対して不満を抱えていたこともあり、家で癇癪《かんしゃく》を起こしたり物に当たったりすることも少なくなかった。この頃から自傷癖の片鱗《へんりん》はあり、皮が剝け赤くなるまで腕や手の甲を掻《か》きむしっていた。

自分自身でもなぜこんなことをしてしまうのかわからなかった。両親が「いじめのことを聞かせて」と機会を作ってくれても、「いつもはご飯すら一緒に食べてくれないくせに」と怒りの感情が先に出てきてしまい、頭の中がぐちゃぐちゃになって、気がつくといつも取っ組み合いの喧嘩になっていた。

本当は聞いてほしくてたまらなかったのに、感情が高ぶると制御できなかった。「自分の気持ちをわかってくれない」というもどかしさだけをぶつけてしまった。

学校を休んだある日、母親は私を心療内科に連れて行った。私は医者に「何か辛いことがあった?」と聞かれて、「友達関係がちょっと上手くいかなくて」と答えた。いじめのことはなんとなく言わなかった。

簡単なカウンセリングの後、初めて精神安定剤をもらった。私はその時から「精神病患者」になった。軽度なので治療をしなくても正直生きられはするが、薬を飲んだ方がちゃんと寝られるし平穏に生きられる。

自分がおかしいわけではなく、病気のせいだと思ったらなんとなく安心した。しかし、「いじめ」というストレス源がなくなっても、うつの症状が完全に治ることはなく、私は気分の上下が激しくなる「躁うつ病」になった。

YouTuberになった当初は「メンヘラ整形アイドル」と自称して精神疾患を公表していた。だが、「やっぱり整形する奴って頭がおかしいんだな」と、もともと発信したい軸であった「整形」というワードにネガティブなイメージがつきすぎるのが嫌でやめた。表向きには「長かったから」という理由で「整形アイドル轟ちゃん」へひっそり名前を変えたが、「整形している人が苦しまない世の中になってほしい」

と願う私にとってその誤解はあってはならないものだった。

整形が、病気から生まれるマイナスなものだという印象を持ってほしくなかった。それでは、前向きになろうと整形を決意した人を苦しませる結果になってしまう。

それからは精神疾患の話をあまり表に出さないようにと徐々にフェイクを織り交ぜたり、健康体を演じたりするようになった。騙すようで心苦しさもあったが、たくさんの人に影響を与える動画で誤解を持たれることがあってはならないと感じたからだ。そうしていくうちに、「そんなに簡単に治るなんて初めから大したことない症状だったんですね。本当のうつ病の方に失礼ですよ」と言われる二次災害を生むこともあり、初めから精神疾患の話を出すべきではなかったかもしれないと猛省した。

最初に私が心療内科に行ったのは、生き辛さの理由がわからず解決方法を見出したかったからだ。顔にコンプレックスは抱えていたもののカウンセリングで話すほど重大とは考えていなかったし、整形をするという決意もこの時点でははっきりしたものになっていない。この後抱える強烈な苦しみは、その後じわじわとコンプレックスが膨れ上がった結果だ。

今のように整形依存症になる前から、私は「精神病患者」だったのだ。整形をする人が全員精神疾患を持っているわけがないし、反対もあり得ない。一時期のメディアの扱い方により「整形をする人は頭がおかしい」という認識を植えつけられた人も多いと思う。だが、そうだとしたら美容整形を行うクリニックは毎日大パニックだ。皆そこに至る経緯はさまざまで、もちろん精神状態もさまざまだ。皆がメンヘラだなんてあり得ない。たまたま私はその二つを持ち合わせていただけだ。

世間で悪と思われるものも
自分にとっては救いかもしれない

1人になっても大丈夫

私は1人でいるのが大好きだ。1週間ずっと1人の時もあるが、平気だ。映画、ご飯、カラオケ。いつでもどこへでも1人で行く。

習い事の体験にもよく1人で行くが、友達がいない分いつも全力で取り組める。ばんばん質問もできる。知らない人だらけだからこそ1人の世界に没頭できる。そしてその吸収率は半端ない。

1人だと時間の調整も必要ないし、「やりたい」をすぐに行動に移せる。たとえ失敗しても見ているのは自分を知らない人ばかりだし、本気になることに恥じらいもない。

一時期は、友達との予定でカレンダーが埋まらないと不安で、忙しいほど嬉しかった。だが、友達もいつまでもそばにいてくれる保証などないし、もっと言えば親も彼氏も、絶対的な存在ではない。自分と同じ人間であり、感情がある限り、関係性が変わったり、その延長でもう二度と会わなくなる可能性だって十分にある。

人に依存すると心の隙間は一時的に簡単に埋まるが、自分じゃ解消できないことを他人任せにするのは不安定すぎる。こういう考え方になったのは、私が誰かと一緒に時間を過ごすたびに繰り返す、悪い癖を持っていたのも大きいと思う。

誰かと遊んでいる時はとても楽しいのだが、解散した後に深刻な「１人反省会」をしてしまうのだ。「なんであの時あんな言葉を言っちゃったんだろう」とか「あの時こう返せば面白かったのに、つまんない奴だと思われたかな」とか、後悔がふつふつと湧いてくる。

この反省会は小学生の頃から続いている。当時は皆と「ばいばい」をして１人で自転車を漕《こ》いでいる時にいつも襲ってきた。家に着く頃にはそれがいっぱいに頭を支配して、私は自己嫌悪に陥ってお風呂《ふろ》で大きなため息をついた。

そんな気にしいな性格もあって、私は1人の時間が一番好きだった。

もちろん今でも人付き合いの煩わしさはあるが、友達と関わる時間はとても大切だ。だから時には遊ぶし、その後は相変わらず「1人反省会」をする。落ち込むことがわかっていても他人と時間を共有したいと思うのは、そうすることでしか得られない楽しさもあるから。


誰かと一緒じゃないと不安で仕方ない。そんな人にコツを伝えるとしたら、「誘われなかった」「LINEの返事をしてくれなかった」とか、起きていることのすべてを否定形かつ悲観的に捉えないことだ。

「ない」ことは、必ずしも不幸ではない。「ない」ことで得られた時間や自由の価値に気づき、「孤独を楽しむ」姿勢が贅沢な時間を生むのだと思う。

他人と共有する楽しさと1人で感じられる楽しさ
「楽しさ」の使い分けが、多様な「幸せ」をもたらす

自分を可愛がりまくる贅沢

うつ病がひどかった時、気持ちを楽にするためにやっていたのが、自分にちょっと贅沢をさせてあげることだった。症状がひどいと、自己肯定感が極端に低くなり、「私なんて……」と落ち込み、外見も中身も、自分の存在自体が大嫌いになった。

常に鏡を見て醜さを責め、SNSで友達が楽しそうにしているのを見ると、自分だけが不幸で可哀想な人間に思えた。会社員だった頃は仕事のためにまだ暗い早朝に起きるたび、もういっそのこと死んでしまった方がマシだと思った。

仕事が忙しく活力のなかった私の部屋は汚く、家賃も安かったのでとにかく狭かった。中野のワンルーム。生活スペースは3畳ほどしかなかった。1人の空間は好きだったが、ずっといると気が滅入《めい》った。だからといって外に遊びに行く時間も、好きなものを買うお金もなかった。

それでも、何かで気を紛らわしたくて、私はスーパーでロックアイスを買った。家に製氷皿はあったが、テレビで偶然見た、グラスにロックアイスを入れ、それにウイスキーを注いで飲んでいる場面がとても美味しそうに見えたのだ。家に帰り同じようにグラスにロックアイスを入れ、いつも飲んでいる水出しの麦茶を注いでみた。

ゴツゴツの大きな氷がカランとグラスの中で回転し、光を反射して綺麗だった。いつもの製氷皿で作った四角い氷とは違い高級感があった。そしてそれを飲むと、なんだか贅沢をしているような感覚になった。

実際は貧乏くさいのかもしれないけれど、クオリティーの高い飲み物を飲んでいる、と錯覚して、一時でも自分を大切にしてあげている気持ちになった。思わぬ気づきだった。

本当に些細な行動なのに、なぜか達成感があった。高いお茶でもない、いつも飲んでいる麦茶が美味しく感じられたのだ。大したことない体験だと思われるかもしれないが、不思議と、今度は自分のいる環境を整えてあげたくなった。寝床にしていたロフトの床を少し雑巾で拭いた。この時期の私は体調もあまりよくなかったので十分に綺麗にすることはできなかったが、それでも埃のなくなった部屋で寝る時にはいつもはない満足感があった。

スーパーに行ってご飯を買って、3畳の狭い空間で生活して、ゴミを片付けてという単調で質素な1人暮らしに慣れてしまっていたが、自分を自分でおもてなしすることがこんなにも心と体に変化を起こすのだとわかった。

「自分に贅沢をさせてあげる」と言うと、ショッピングに行くとか旅行に行くとか、「欲求を満たす」「仕事から解放され羽を伸ばす」ことのように受け取られるかもしれないが、私のようにお金をかけなくてもほんの小さなことをやるだけで救われる時もあるかもしれない。

いつもは紙パックからストローで直接飲んでいるお茶をグラスに注いでみたり、スーパーのお惣菜《そうざい》をパックからお皿に移してみたり、すっぴんで過ごす休日でもぼさぼさ髪を三つ編みにしてみたり、ちょっと一手間を加えると、自分を肯定したい、大切にしたいという気持ちが手っ取り早く湧いてくる。

生産性のない無駄なことを、と思う人もいるかもしれないが、私は自分の暮らしに少しのおもてなしを加えることで、昔より自己肯定がスムーズにできるようになった。「自分なんか」と卑下していた自分を自分自身で敬うことで「あなたはこうされるべき人間なんだよ」と自己暗示をかけることができた。他人が一切介入しないので、自己完結できるのがよかった。

例えばこの本を読む時、ココアを淹《い》れて、肌触りのいいパジャマを着て、ソファーに座って読んでみる。もっとできると思うなら、ココアにマシュマロを浮かべてみる。コンビニで買ったクッキーを可愛いお皿に移して隣に置いてみる。

自分が店員になったような気持ちで、最高の時間と環境をお客様に用意する。用意が終わったらお客様になった気持ちでその空間を満喫する。

別に準備に何時間もかかることではないけれど、普段何かに追われていたり自分を追い詰めてしまっていたりする人ほど、一度やってみるとその満足感に驚くことと思う。

他人からの慰めを待たない 満足感は一手間で作れる

立ち向かうだけが強さではない

嫌なものから目を背けるのも努力。現実逃避と非難する人もいるが、味わう必要のない苦しみからは逃げてもいいと私は思っている。

いじめられて死にたいと願いながら学校に行く必要はないし、セクハラをする上司のいる職場に留まる必要もない。立ち向かうことだけが正義だと言う人もいるけど、そんな根性論で一生もののトラウマを作るくらいならすべてから逃げるべきだ。

私は顔にコンプレックスを抱え始めた中学2年生から10年以上、自分の顔を否定し続けた。そんな私が1人暮らしを始めてから癖になったのが、鏡を見ることだ。

家にいる時は常にローテーブルの上に鏡を置き、ご飯を食べる時も、テレビを見る時も、友達と電話をしている時も、数秒おきに自分の顔を確認していた。「ああ、この鼻がもう少し高ければ横顔が気持ち悪くなくなるのに」とか「つり目すぎて怖いから睨んでるとか言われるのかな」とか、さまざまな角度から色々な表情をしている自分の顔を見て、常に否定しては改善策を探していた。

家の中では誰にも見られることなく、冷静に自分の顔を否定することができた。家の外で鏡を見て、「ブスのくせに顔を気にしている」と言われるのが怖かったので、家の中では思う存分眺めて、粗探しをした。

そして一点が気になり出すと止まらなくなり、クリニックへと足を運び整形をした。次々とコンプレックスを潰していく過程はある意味「努力」だったし、行動力と決断力には長《た》けていた。でも私は一向に幸せにはなれなかった。

いくら鏡を見ようと、整形をしようと、コンプレックスがなくなることはなかったからだ。「整形は1回したら他のところが気になってやめられなくなる」と言うが、その通りだった。初めは「二重になれば可愛くなれる」と思っていたのに、次は鼻、次は唇、次は輪郭と、終わりは見えなかった。

毎日、鏡をどんな角度から見たところでブスはブスだった。今日「ああ、ブスだなぁ」と気づいたところで、明日には改善されているという話でもない。見れば見るほどコンプレックスは強くなり、私は私をどんどん殺していた。

ある日、朝メイクをした後慌てて家を出たので、鏡をどこかに置いてそのまま見つからなくなった。いつもあるテーブルの上の鏡がなくて、落ち着かない。テレビが暗転するたびに画面に映る自分の顔を確認した。やはりその姿はブスだった。輪郭がごつい。でも、いつもとは違い、テレビの画面は鏡ほど鮮明に私の顔を映さなかった。「見られない」状況であるその日はなんだかいつも顔を気にして強張っている表情筋が少しゆるんだ気がした。ご飯を食べる時大口を開けている自分の顔を見て萎えなくてもよかった。

私が嫌いな私の顔はいつもと同じく現実としてあるのに、「見ない」だけですごく楽だった。気になってそわそわして数回お風呂まで顔を見に行き絶望はしたものの、リビングに戻れば鏡はない。
1人暮らしを始めてもう5年ほど経つが、未だに鏡を見る癖は抜けきっていない。精神が特に弱っている日には「今日は見ない」と決めてできる限りそれを守っている。

私にとって「今日もブスだ」という確認作業はもはや精神安定剤の代わりだった。小さな絶望を積み重ねることで大きな絶望を迎えた時に備えられる。自分のことをブスだとわかっていれば集合写真を撮った時に他人と比べて落ち込むこともない。
しかし今になってそれは違うとわかる。絶望を小刻みに味わって自分を慣らすことは無駄だった。鏡を見るだけの何の生産性もないあの時間は、見れば見るほどダメなところに気づいて落ち込むだけだった。それがわかっているのに見ることをやめられなかった。

改善しようのない現実と向き合い続けるのは、苦しい。それは、他人からの評価をどう受け止めるかという話とも繋がっている。他人からの賞賛も非難も、それを絶対的なものだと思い込まないこと。自分が変わらなくても相手が変われば簡単に評価は変わるだろうし、その逆も然《しか》り。頂いた意見はリアルタイムの声、それ以上でも以下でもない。

だから私は、褒められようと、貶されようと、その声は私の未来を決めるものではない、ということを忘れない。

現実逃避も時には必要で、自分を否定するすべてに立ち向かっていけるほど時間はないし、心もそんなに頑丈に作られていない。だから「向き合うべき現実」と「見すぎると毒なもの」の線引きをきちんとしよう。どんなに努力しても変えられないものもある。「のれんに腕押し」で腕を痛めるだけだ。

コントロールできないことは無視する
自分だけは味方でいてあげよう

一瞬の感動を欲求に変える

何かを覚えるのが苦手で、要領が悪い。今までやってきたアルバイトではほとんどが「使えない奴」扱いだった。先輩やお客様からの評価がよかったのはメイドカフェくらいだ。

自分が楽しいと思えることや動画編集などの1人で没頭できる作業に対しては自分でも驚くほどの力を発揮できるのに、一般的なアルバイトに関しては本当にてんでダメだった。

初めてのアルバイト先は地元の大きな書店で、日頃から客として行っている店だった。仕事内容は客目線で見ていたからなんとなくできると思い、漫画を買ったついでに唐突に「ここで働きたいんですけど」とレジの社員さんに言った。

無事採用され働き始めると、私は本当に使えない奴だった。普段から来ている店のはずなのにどこに何の本があるかのざっくりとした配置すら覚えていなかったし、毎月入ってくる雑誌のおおまかな発売日も、売れ筋の商品も、だいたいの売り上げも、覚えようとしても覚えられなかった。自分の好きなアニメの放送日は覚えているのになぜ？　と自分でも不思議だった。

一番嫌だったのがお客様からの「この本どこにありますか？」という質問。パソコンで在庫を確認し、在庫があれば後は手作業で探すしかない。皆はあっという間に見つけてくるのに、私はなんとなくの場所がわかっても文字を追いかけるのが苦手で、背表紙を一つひとつ確認するのにとても時間がかかった。

読んだ文字がなぜか頭の中で逃げてしまうのだ。目から入った文字の情報が左右の耳からどんどん出て行くような感覚。さらに周りの音が気になって文字に集中できない。このタイミングで他のお客様から話しかけられるとパニックになった。途中で探したい本のタイトルすら忘れてしまい、もう一度お客様に聞きに行くと、「はい？さっき言いましたよね？」と怒ったように言われたこともあった。

自分は一番向いていない職種を選んでしまったかもしれない、そう思いながらもメモを駆使したり慣れるようたくさんシフトに入ったりして、何とか2年ほど働いた。私の安息の地は監視カメラすら付いていない倉庫の中だった。その中で何も考えず本をダンボールに詰めている時間が一番気楽だった。しばらくすると「地図・旅行」のコーナーを任され最低限の整理はしていたが、仕事の出来は最後までそう変わらなかった。ずっと使えない奴だった。

何とか自分の能力のなさを埋めようと日々神経をすり減らして頑張り、コーナーの売り上げも何とか上げた。努力しているのに新人より仕事ができないという現実に常に直面し出勤すら嫌だったが、バイト仲間とは仲がよく、出勤すれば楽しかったのでそれを励みに続けていた。

アルバイトでも会社でも、常に肩に力が入り、他の人がしないようなミスもした。でも人間としてお金を稼いで生きるためには、誰かに雇われて、集団の中で働くしかないと思っていたから、必死で順応しようと、自分の不完全さを何とかして埋めようとした。毎日同じ時間に起きて、同じ時間の満員電車に乗って、人のにおいに酔って吐きそうになって。社会人になると、ストレスで1日中歯を食いしばり、歯が削れもう限界だと感じた。

そんな私が、失敗を積み重ねた先に、YouTuberに辿《たど》り着いた。この仕事は私のように集団が苦手で型にはまることが下手な人間にぴったりな職業だと思う。もちろん狙ったわけではなく、完全に結果論だが、私にとって最高の仕事だと自信を持って言える。

この職業は、今まで「当たり前」と思っていた生き辛さから解放してくれた。もちろん辛いこともある。常にプレッシャーや数字に縛られこんなに多くの人に評価され続けることなど今までなかった。自分1人で責任を負い誰も守ってくれない、いつ崩れるのかもわからない足場。全く違う辛さがこの世界にはあった。

でも楽しいのだ。今まで人間に囲まれて窮屈さを感じていた私にとって、自由で1人行動のYouTuberの活動は夢のようだった。誰にも倣《なら》う必要がなく、正解もない。間違いは数字が無言で教えてくれる。今までに経験したことのない恐怖やプレッシャーを感じてなお、昔に戻りたいとは思わない。

アルバイトもろくにできず、新卒で入った会社をすぐに辞めた私にも、別の道があったのだ。

今の環境が、唯一の場所だと思わないでほしい。可能性はどこに転がっているかわからない。それを運良く拾うために、今やりたいことや自分の居場所が見つからないという人は、自分の欲求をレベルアップさせてみてほしい。喉が渇いて水を飲みたくなったら、いつものように水道水をそのままグラスに注ぐだけでなく、カフェで出された水を真似して、スライスしたレモンを浮かべてみる。お腹が空いて何か食べたくなったら、いつものファストフードショップではなく、少し足を延ばしてピンとくるご飯屋さんを見つけてみる。

何を食べるか、何を着るか、何の仕事をするか。いつもの型に収まっていたら、安定はしたとしても何も変わらない。「やりたいことを見つけたい！」と思ってこの本を読んでいる人は、いつもの生活に物足りなさを感じているのではないか？　私がYouTubeを始めようと思い立った時のように、ちょっとでも興味を持ら行動することで人生が変わることもある。

どんな些細なことでもいい、「水を飲みたい」という生理現象の一つですら「きっかけ」にして、「やりたいこと」に変換してみること。自動的にスイッチが入るのを待っていたら人生は終わってしまう。


そんな日常レベルのことじゃしっくりこないよという人は、書店の中をぐるぐる回ってみてほしい。書店のアルバイトで品出しのために初めて普段は見ない棚を見た時、「知らない世界ってたくさんあるなあ」と実感した。その中に、もしかしたら自分の心を動かすものがあるかもしれない。手芸、サッカー、メイク、占い、旅行……。覗《のぞ》いたことすらない世界があるのに、すべてを知ったようなふりをして諦めないでほしい。まずは「いいな」と感じた一瞬を逃さないでやりたいことを探してみることだ。

「いいな」を集める
「やりたい」を呼び起こす

おわりに

改めまして、整形アイドル轟ちゃんです。いつもはYouTubeでメイクをしたり雑談をしたり整形の情報を発信したりしています。

まずはこの本を読んでくださったあなたに最大の感謝を申し上げます。本当にありがとうございます。


私が普段発信している「動画」は、視覚と聴覚に訴えるエンターテインメントですが、難点として「伝えたいことが十分に伝わらない」というところがあります。

今まで、整形を考えている人に向けて「それが本当に必要か」と問題提起する動画や、誹謗中傷について至極真面目に語った動画を上げたことがありますが、やはりメッセージを伝えたい時には不向きだなと感じました。

どれだけ必死に訴えかけても、声質、話し方、テンポ、そして被写体である私の容姿……それらの余計な情報が邪魔をしていました。

私の外見が受けつけず動画を開かない方や、私の言葉が届くよりも先に意見をシャットアウトしたい方もいたかもしれません。


この本は、『可愛い戦争』に悩み苦しんでいた、まだ整形する前の自分に読ませたい本」というテーマで書き始めました。

忘れかけていた嫌な記憶を引っ張り出し、昔の自分と向き合い、あの時どんな言葉をかけられたら救われただろうか。何に気づいていればもっと早く苦しみから抜け出せただろうか。そんなことをたくさん考え、そのアンサーを書きました。

もし昔の私がこの本を読めたなら、また違う人生があったかもしれません。


この本を手に取ってくださったあなたも、過去の私と同じように「可愛い」の価値観に悩むところがあったり、それによって何かしらの生きにくさを感じたりするような経験があったのでしょうか。

意図せず「可愛い戦争」に巻き込まれてしまった私たちがどうにかしてそこから抜け出す術を、そして「幸せ」を手に入れるための提案を、精一杯伝えられるように「本」という媒体を選びました。


本を書くのは私の夢でした。

本は、不純物のない文字だけの世界です。好きな時に好きなテンポで、自身の過去や未来を思い浮かべながら読むことができます。

純粋な文字の世界で、自分の人生について、幸せについて、思う存分考えて、1人でも多くの人にいい方向に進んでほしい。それが私の願いです。

「言葉で人を救いたい」なんて大それたことは言いません。何万字と書いたうちの数文字でも誰かの心に刺さって、人生を少しでもいい方向に変えられたならいいな、とだけ思います。


私のことを運が良かっただけだと感じる方もいらっしゃると思います。「偶然成功したただけじゃん」「何も心に響かなかった」「自分には無理だから」という意見もあると予想しています。リアルタイムでの救いを求める人には役に立たなかったかもしれません。

ただ、私が「本」という媒体を選択したのにはもう一つ理由があります。欲しい言葉を好きな時にピックアップして飲み込めるからです。

この本には、「辛い時に都合よく使ってもらえる言葉」をたくさん残しました。苦難にぶち当たるタイミングは皆違います。その状況を打開したいと思った時に、「今なら大丈夫」と思えるタイミングも人それぞれ。

他人がよかれと思っていきなり「頑張れ！」と背中を押しても、逆効果になる場合もあります。

でも言葉を「置いておく」ことで、いずれ来る苦難を誰かが乗り越えるためのヒントや材料になるかもしれない。

正解がわからなくなった時、前にも進めず後ろにも戻れずどうしていいかわからない時、やる気が出ない時、決断を迫られた時。「自分を納得させる材料」として、「自分への叱咤激励」として使えるかもしれない。

私の思う「幸せ」になる方法は、この本に詰め込みました。あとは、受け取ったあなたが何を感じて、どう活かすかです。都合よく、私の言葉を使ってもらえるなら嬉しいです。

最後になりますが、本当にありがとうございました。この本を読んでくださったあなたの未来が、今想像しているよりずっといいものになりますように。

整形アイドル轟ちゃん

可愛い戦争から離脱します

2019年12月20日　第1刷発行

著者
整形アイドル轟ちゃん
発行者
見城 徹
発行所
株式会社 幻冬舎
〒151-0051 東京都渋谷区千駄ヶ谷4-9-7
電話　03(5411)6211 [編集]
　　　03(5411)6222 [営業]
振替　00120-8-767643
印刷・製本所
錦明印刷株式会社

ISBN978-4-344-03555-3　C0095
幻冬舎ホームページアドレス
https://www.gentosha.co.jp/

この本に関するご意見・ご感想をメールで
お寄せいただく場合は、
comment@gentosha.co.jpまで。